ENTRE SOMBRAS
E VITÓRIAS

BRUNO MOSSA DE REZENDE

com Davide Romani e Gian Paolo Maini

ENTRE SOMBRAS E VITÓRIAS

SEXTANTE

Título original: *Dal Buio all'Oro*

Copyright © 2023 por Mondadori Libri S.p.A
Copyright da tradução © 2025 por GMT Editores Ltda.

Publicado originalmente por Rizzoli, Milão, Itália.

Todos os direitos reservados. Nenhuma parte deste livro pode ser utilizada ou reproduzida sob quaisquer meios existentes sem autorização por escrito dos editores.

tradução: Aline Leal
produção de conteúdos extras para a edição brasileira: Marco Aurélio Souza
edição: Alice Dias
produção editorial: Livia Cabrini
revisão: Ana Grillo, Ângelo Lessa, Luis Américo Costa, Pedro Staite e Raphani Margiotta
revisão final: Felipe Costa Barros
diagramação: Natali Nabekura e Valéria Teixeira
capa: Natali Nabekura
foto de capa: Leo Aversa
impressão e acabamento: Associação Religiosa Imprensa da Fé

CIP-BRASIL. CATALOGAÇÃO NA PUBLICAÇÃO
SINDICATO NACIONAL DOS EDITORES DE LIVROS, RJ

R356e

Rezende, Bruno Mossa de, 1986-
  Entre sombras e vitórias / Bruno Mossa de Rezende, Gian Paolo Maini, Davide Romani ; tradução Aline Leal. - 1. ed. - Rio de Janeiro : Sextante, 2025.
  208 p. ; 21 cm.

  Tradução de: Dal buio all'oro
  ISBN 978-85-431-1116-2

  1. Rezende, Bruno Mossa de, 1986- . 2. Jogadores de voleibol - Brasil - Biografia. I. Maini, Gian Paolo. II. Romani, Davide. III. Leal, Aline. IV. Título.

25-98353.0

CDD: 927.96325
CDU: 929:796.325

Carla Rosa Martins Gonçalves - Bibliotecária - CRB-7/4782

Todos os direitos reservados, no Brasil, por
GMT Editores Ltda.
Rua Voluntários da Pátria, 45 – 14º andar – Botafogo
22270-000 – Rio de Janeiro – RJ
Tel.: (21) 2538-4100
E-mail: atendimento@sextante.com.br
www.sextante.com.br

*Para meu avô Condorcet,
que está sempre em meu coração.*

SUMÁRIO

Prefácio por Neymar Jr. — 9
Prefácio por Gabriel Medina — 13
Prólogo — 15

PRIMEIRA PARTE
1. O melhor sub-5 do Brasil — 21
2. Mais forte que as vaias — 33
3. O Mundial de Roma — 55
4. Modena, um caso de amor — 71
5. A cicatriz — 81

SEGUNDA PARTE
6. As sombras — 99
7. A tríplice coroa — 109
8. Um abraço de ouro — 127
9. Um ano para esquecer — 141
10. Do inferno ao paraíso — 151
11. Minha bandeira, meu país — 167

12. Fazendo as pazes com Modena 177
13. Um bronze com gosto de ouro 181
14. A última dança 191
15. O meu lugar 201

Agradecimentos 205

PREFÁCIO

POR NEYMAR JR.

Bruno e eu temos histórias de vida diferentes, desde crianças. Crescemos em realidades e mundos opostos, e, se tivessem me perguntado, quando eu era um garoto e morava no Jardim Glória, em Praia Grande, SP, se seria possível encontrar alguém como ele e me tornar seu amigo quando fosse adulto, eu certamente teria respondido que não.

Éramos muito diferentes, mas algo nos uniu.

O esporte.

Nós dois somos filhos de ex-atletas. Com enormes diferenças, claro. Os pais de Bruninho eram famosos no Brasil e no mundo todo; meu pai se esforçou muito e teve uma carreira digna, mas modesta. Isso não impediu que eles inserissem o esporte em nossa vida, com todos os estímulos e as incertezas de quem sabe quanto ele é importante no desenvolvimento de uma criança e quanto pode ser duro ser filho de um atleta.

Bruno começou a carreira antes de mim. Lembro-me de ter ouvido falar dele quando foi convocado pela primeira vez para a Seleção Brasileira de Vôlei. E isso me remete a outra característica que nos une e nos acompanha desde sempre.

A pressão.

Nós dois, por motivos distintos, fomos obrigados a ser melhores até do que podíamos. Jogar nos maiores clubes, integrar a seleção desde muito jovens, conquistar vitórias e títulos – nada era suficiente. Exigiam mais de nós o tempo todo. Carregamos desde sempre uma enorme pressão e respondemos a ela da mesmíssima forma: usando-a como combustível, para melhorar como atletas e, consequentemente, como pessoas.

Existem muitas coincidências na nossa vida e na nossa carreira. Uma delas é olímpica.

Bruno ganhou a primeira medalha nas Olimpíadas antes de mim, em 2008, em Pequim. Naquele ano, eu ainda não havia estreado na seleção profissional. Em 2012 ambos conquistamos a medalha de prata, em Londres. Como nós dois somos terrivelmente competitivos, é óbvio que não ficamos contentes; queríamos mais.

Até que em 2016, cada um por motivos individuais (e coletivos, já que nossas equipes e nosso país precisavam de fato vencer aquela edição), tivemos nossa redenção. Ganhamos a medalha de ouro na Olimpíada do Rio de Janeiro. Na nossa casa.

Uma felicidade enorme, a maior de todas!

Posso dizer, inclusive, que comemorei mais do que ele, porque pude assistir das arquibancadas, no meio da multidão, à vitória da Seleção Brasileira de Vôlei. E naquele 21 de agosto eu não estava presente no Maracanãzinho apenas para torcer pelo Brasil. Em 2016 eu estava na torcida verde e amarela pelo *meu amigo* Bruno, o Capita.

Conheci Bruno por meio de amigos em comum muitos anos antes de ganharmos a medalha de ouro. E foi amor à primeira vista. Generoso, sempre alegre, com uma transbordante vontade de viver e se divertir, Bruno nunca esquece a responsabilidade de ser jogador profissional. É justamente daí que nasce uma nova coincidência.

O fato de sermos atletas profissionais da seleção em esportes extremamente populares em nosso país nos impede de viver e nos divertir como fazem todos?

Nós dois acreditamos que não. À medida que nossa amizade ficou mais sólida, o Capita tornou-se também uma espécie de conselheiro. Por compreender a fundo a mente de um atleta como só ele faz, Bruno sempre esteve presente. Ele foi e ainda é minha válvula de escape em muitas situações e decisões difíceis.

As experiências que Bruno acumulou na vida, dentro e fora da quadra, como atleta e como grande Amigo – assim mesmo, com A maiúsculo –, tornam este livro belo, rico e intenso, capaz de ser lido de um fôlego só.

Bruno está inteiro aqui; este é outro grande desafio para o meu Amigo, um desafio fascinante e, certamente, vencedor.

Parabéns, Capita! Você é único!

PREFÁCIO

POR GABRIEL MEDINA

Bruninho é meu amigo e um de meus ídolos, sem dúvida um dos melhores e mais bem-sucedidos atletas do nosso país. Nosso capitão, nosso levantador! Quanta alegria ele já nos deu nas quadras com seus incontáveis sucessos e uma galeria extraordinária de conquistas. Quantas jogadas épicas o vimos protagonizar, quantas vezes ele nos "obrigou" a acordar no fim de semana para torcer pela seleção, por aquela camiseta verde-amarela adorada, amada e venerada no Brasil!

Bruno ergueu incontáveis troféus e medalhas (como o inesquecível ouro nos Jogos Olímpicos Rio 2016). Ele e nosso amigo-irmão Neymar fizeram a história do Brasil vencendo em 24 horas, em seus respectivos esportes, as finais da Olimpíada disputada em casa.

Bruninho, para mim, é um irmão que nunca faltou com sua ajuda e presença quando eu mais precisei.

Obrigado, amigo e irmão.

Você é uma pessoa fantástica e sua carreira deveria servir de inspiração para todos os brasileiros, como é para mim.

Espero que com este relato da sua vida você consiga abrir

um espaço no coração de muitas pessoas que se identificam com o esporte e que buscam uma referência importante em seus campeões. Você é essa referência para nós, brasileiros, e para tantos apaixonados pelo vôlei espalhados pelo mundo.

PRÓLOGO

Londres, 12 de agosto de 2012
Earls Court Exhibition Centre
Final dos Jogos Olímpicos, Brasil x Rússia

A bola toca o chão, acabou. Ficamos parados, em silêncio, no nosso lado da quadra. Uma rede separa a euforia da vitória e o desespero da derrota. Ainda não consigo entender exatamente o que aconteceu nem como aconteceu. É como se de repente eu tivesse aberto os olhos no meio de um pesadelo; mas não, é tudo verdade. Olho ao redor perdido, desorientado, como um holograma de mim mesmo. Observo o público, mas não ouço nenhum barulho. Meu pai – o treinador da seleção, o campeão idolatrado pelo país inteiro – está sentado no banco, com as mãos na cabeça. Alguns dos meus companheiros se abraçam, outros choram.

    Eu, não: eu fico imóvel, petrificado. Alguém tenta me consolar; não consigo olhá-lo nos olhos.

    Entramos no vestiário e um silêncio surreal nos envolve. A distância, os russos comemoram. Vestimos o agasalho do Brasil e somos chamados ao pódio. Subimos no segundo degrau, aquele que está poucos centímetros abaixo da glória, da alegria eterna de conquistar o ouro olímpico. Sinto uma lágrima caindo, enxugo os olhos; não é tristeza, é um sentimento indefinido, estou ali sem estar.

Depois do pódio, sou sorteado para o antidoping e levo mais de 45 minutos para fazer xixi – uma eternidade, tanto para mim quanto para o grupo que me espera no ônibus.

Na viagem de volta à vila olímpica, ninguém tem forças para dizer nada.

Entro no quarto, sento na cama, afundo a cabeça no meio dos ombros e apoio as costas na parede. Com as mãos, aperto os pés, forte. Eu me entrego, acabado, completamente vazio por dentro. Desabo.

Pela primeira vez, quatro horas depois que a última bola caiu, eu me dou conta do que aconteceu. Tenho coragem de pensar naquele momento, de revivê-lo, de estar dentro dele, mesmo sabendo que será um duro golpe.

Choro, choro como nunca chorei, vivo um desespero que nunca experimentei antes, sinto que estou caindo em um buraco, como se a terra estivesse me engolindo.

Perdi a final da Olimpíada de Londres 2012. Perdi o jogo mais importante da minha vida e o perdi depois de ter estado a um milímetro de vencê-lo. Perdi minha maior chance de me livrar de Bruninho, o filho do Bernardinho. Perdi a possibilidade de enfim ser apenas o Bruno. Perdi tudo e tenho certeza de que, daqui para a frente, sempre haverá um antes e um depois de Londres.

Sei que nunca poderei voltar no tempo e jogar de novo a partida da minha vida. O que sinto é uma dor profunda, visceral, que me parte ao meio.

Toco o fundo do poço e o vejo: é escuro, escuríssimo.

Continuo a chorar. Não consigo, não quero e não posso parar. Sinto falta de ar. Tenho vontade de fugir, mas não posso fugir de mim mesmo.

Fico lembrando cada instante, cada chance, cada respiração daquele maldito terceiro set, daqueles malditos últimos pontos. Penso de novo nos tempos técnicos e me vejo confuso, incapaz de reagir, num misto de raiva e desespero.

Não ajudam muito os companheiros que, um a um, se aproximam para tentar me consolar, uma procissão torturante de abraços e sorrisos forçados.

Ao meu lado está Thiago Alves, meu companheiro de quarto; ele também fica em silêncio, não tem as palavras certas para me dizer. Até porque não existem palavras certas.

Naquela noite, naquele quarto que se torna a cada minuto menor, mais apertado e claustrofóbico, começa o momento mais difícil da minha vida.

Levo mais de três horas para reencontrar um fio de lucidez e faço a única coisa que me parece possível: saio. Saio com a minha empresária, Alessandra, e seu marido, Giuliano.

Encontramos outros colegas da seleção em um jantar organizado pela revista Placar, a poucos minutos da vila olímpica.

Sinto-me totalmente deslocado. Algumas pessoas sorriem, outras falam do jogo quase com indiferença. Percebo a lenta diminuição da tensão e o aumento contínuo do desespero. Estou sem fome, travado, sinto frio, minhas mãos tremem. Às vezes me escondo para não revelar as lágrimas.

Começo a beber.

Bebo tudo que aparece à minha frente, principalmente gim.

Quanto mais eu bebo, mais a tristeza e a angústia se misturam a uma sensação que não reconheço. Estou anestesiado, no corpo e na mente.

O salão se torna sufocante, minha cabeça está pesada, a vista embaça, quero fugir dali.

Encontro uma garota que eu havia conhecido poucos dias antes na vila, resmungo algo, não sei o quê, prefiro não saber. Ela propõe

irmos para um hotel. No táxi, enquanto lembranças confusas se juntam a mil pensamentos, começamos a nos beijar. Entramos no quarto. Ficamos juntos. Eu apago em um sono profundo, alcoólico, que não me consola.
Está escuro. E ficará assim por muitos meses ainda.

PRIMEIRA PARTE

>>>

1
O MELHOR SUB-5 DO BRASIL

Nasci no Rio de Janeiro, em 2 de julho de 1986. Já por esse motivo eu deveria ter entendido que gosto de estar no centro do jogo: escolho o dia que divide o ano exatamente na metade, o 183º.

Meu pai, Bernardo Rezende – chamado de "Bernardinho" por todos – é uma lenda do vôlei. Como levantador, obteve uma prata no Campeonato Mundial de Buenos Aires, em 1982, outra na Olimpíada de Los Angeles, em 1984, além de três títulos sul-americanos. Minha mãe, Vera Mossa, também jogadora de vôlei, participou dos Jogos Olímpicos de Moscou de 1980 e do Mundial de 1982. Quando nasci, meu pai estava encerrando a carreira de atleta e dando os primeiros passos como treinador. Minha mãe tinha ganhado o segundo título brasileiro consecutivo com o Supergasbrás, o clube do Rio de Janeiro.

Em resumo, sou um filho do esporte.

Não tenho lembrança da Olimpíada de Seul, pois em 1988 eu tinha apenas 2 anos. Mas sei que meus pais voltaram para casa sem medalhas. Minha mãe ficou de fora das quartas; meu pai, como segundo técnico de uma lenda como Bebeto, perdeu a semifinal contra os EUA e a disputa pelo bronze contra a Argentina.

A Itália entrou em nossa vida no ano seguinte. O time feminino do Perugia, que tinha acabado de subir para a primeira divisão e vinha de seis derrotas consecutivas, havia demitido o sul-coreano Park Ki-won e decidido confiar a equipe a um jovem treinador brasileiro muito bem falado... Assim, em 8 de dezembro de 1989, o clube anunciou a chegada de Bernardinho e deu a ele a tarefa de salvar o time.

Parecia uma missão impossível. Das primeiras 11 partidas, o Perugia venceu apenas uma. Mas meu pai já era um treinador que fazia a diferença e sabia como lidar com as dificuldades. Ele arrumou a equipe e terminou a temporada na 12ª posição.

Por cerca de seis meses, meu pai morou na Itália enquanto minha mãe ficou no Brasil comigo e com meu irmão Éder, filho de seu primeiro casamento. Mas essa situação não durou muito: no ano seguinte reunimos a família e fomos todos morar com meu pai. Nessa mesma época minha mãe foi contratada pelo Perugia, para jogar sob o comando de Bernardinho.

Quando chegamos, encontramos uma Itália enfeitada para receber a Copa do Mundo de Futebol. O Brasil foi eliminado nas oitavas contra nossos rivais históricos, a Argentina.

Quanto a nós, tentávamos nos ambientar: nova língua, novos hábitos...

Em Perugia, o PalaEvangelisti – uma arena esportiva que lembra um hangar – tornou-se minha segunda casa. Em geral, eu e Éder íamos para o treino junto com nossos pais, mas às vezes ficávamos em casa com a sra. Marcia, uma brasileira que morava com a gente, fazendo as funções de babá e empregada. O trabalho dela não era nada fácil. Nós éramos simpáticos, radiantes, sorridentes, mas terrivelmente agitados.

Um dia a sra. Marcia precisou ligar às pressas para o meu pai durante o treino.

– Sr. Bernardo... aconteceu um problema! – gritou ela ao telefone.

– Marcia, se acalme e me explique o que houve – respondeu ele.
– Os meninos... os meninos...
– Qual o problema com os meninos? – questionou. – O que aconteceu? Você está me assustando.
– Eles estavam brincando... e... de repente o armário caiu em cima deles!
– Como eles estão? Me diga como estão! – A voz do meu pai ficava cada vez mais agitada. – Eles se machucaram?
– Bruno está preso, não consigo tirá-lo lá de baixo...

Meu pai mal deixou que ela terminasse a frase: desligou o telefone, suspendeu o treino, chamou minha mãe e correu para casa. Por sorte, a situação era menos trágica do que eles temiam. Tive apenas alguns arranhões, mas eu e meu irmão levamos uma bronca daquelas. Depois disso, não é que tenhamos mudado nosso jeito de brincar, mas pelo menos os móveis ficavam no lugar, o que já era uma grande vitória.

Nessa mesma casa, às vezes aconteciam encontros em que o time assistia aos vídeos (na época em VHS) das equipes adversárias. O grupo todo participava – jogadoras, comissão técnica, ninguém ficava de fora. Para mim, esses foram os primeiros momentos de "vestiário". Eu tinha apenas 4 anos, mas já começava a respirar e viver aquele senso de comunidade que me acompanharia para sempre, no esporte e na vida. Acho que foi justamente naquelas longuíssimas e maravilhosas tardes que nasceu a consciência da importância do grupo e do quanto isso pode fazer a diferença. É por isso que é fundamental estarmos juntos: no ginásio e, principalmente, fora dele.

Minha energia e meu desejo de descobrir o mundo aumentavam à medida que meu corpo crescia. Do lado de fora do PalaEvangelisti, no estacionamento, havia uma pequena rampa onde aprendi a andar de bicicleta. Eu subia e descia, subia e descia, sem parar, sem fim. A ideia de dominar aquele veículo fez com que eu me sentisse adulto de repente. Foi minha primeira conquista, que tinha como pano de fundo a imagem familiar da arena esportiva. Desde aquela época, vôlei, para mim, significava casa, família, vida.

Além do mais, eu adorava me entregar aos mimos das companheiras de time da minha mãe. Tinha uma queda por Giorgia Marchi. Ficava vermelho quando ela me olhava. Que sorriso maravilhoso! Lembro-me nitidamente dele até hoje. Às vezes eu tirava uma soneca no banco de reservas, embalado pelo estrondo dos ataques certeiros. Na maioria das vezes, eu pegava uma bola e começava a brincar. Mas o momento mais esperado era o fim do treino: enquanto a equipe estava treinando, eu não podia atrapalhar. Então esperava a minha vez, embora ansioso para jogar com meus pais. Eu me sentia nas nuvens quando enfim ouvia a voz deles.

– Pode vir, Bruno!

A quadra, meus pais e eu. A melhor coisa que existe. Aquelas foram as primeiras "jogadas em dupla" da minha vida. Um exercício básico do vôlei: um jogador em frente ao outro mantendo a bola no ar com manchetes, levantamentos e cortadas.

Outras vezes, eu observava um a um os torcedores e funcionários que acompanhavam o treino dos assentos da arena, e, quando o rosto me parecia adequado, eu entrava em ação. Inocente, me aproximava sorrindo e dizia:

– Quer jogar vôlei comigo?

A "rede" era o parapeito vermelho de metal que separa a quadra das arquibancadas – a altura ideal para alguém da minha idade.

– Eu começo, tudo bem?

Quem ousaria dizer não a uma criança?

– Tudo bem – a pessoa respondia.

Então eu levantava a bola numa manchete e cortava, gritando para meu oponente:

– Pega essa!

Se percebesse que o adversário me deixava vencer só porque eu era pequeno (infelizmente acontecia), eu colocava a bola debaixo do braço e acabava com o jogo.

– Eu ganhei, obrigado – dizia. – Agora vou procurar outra pessoa.

E partia em busca de um novo adversário. Meu espírito competitivo já era fora do comum. Desde pequeno, perder sempre me incomodou, e isso foi algo que tive que trabalhar durante toda a minha vida.

Herdei essa característica do meu pai. Ele é obcecado pela vitória, e eu tenho essa mesma obsessão no DNA. O temperamento dele é forte, austero, arisco, mas ao mesmo tempo extrovertido e generoso. Já minha mãe é de uma doçura desarmante, quando me abraça o mundo sorri para mim. É linda, naturalmente empática, sensível, intensa: eu me reconheço em muitos aspectos dela até hoje.

Minha mãe sempre estava disponível para me desafiar no Pega-varetas ou no Pedra, papel e tesoura. Quando ela me convidava para jogar qualquer coisa, eu aceitava na hora.

Já nessa idade, o vôlei estava nos meus pensamentos, embora eu não tivesse consciência disso. Certa noite, o time e a comissão técnica saíram para jantar enquanto eu fiquei em casa com a sra. Marcia e meu irmão. Quando voltaram, me encontraram sentado em frente à televisão, segurando uma folha quadriculada e uma caneta. Na tela, via-se uma quadra laranja com uma rede que a dividia ao meio.

Meu pai se aproximou, deu uma olhada na TV e perguntou:

– Bruno, o que você está fazendo?

– Estou vendo um jogo – respondi, seguro.

– E está desenhando ao mesmo tempo? – um dos assistentes perguntou.

– Como assim? Não! Você acha que dá para ver um jogo e desenhar ao mesmo tempo? – rebati, quase aborrecido.

– Então por que está com essa folha e essa caneta? – indagou meu pai.

– Estou analisando a partida para vocês – expliquei, com um sorriso satisfeito. – Vocês saíram para jantar e eu comecei a estudar o time adversário de domingo que vem.

Na época os levantamentos estatísticos eram feitos assim: vendo e revendo os vídeos dos jogos e desenhando as trajetórias de ataque nas folhas quadriculadas. Algumas dessas folhas ainda estão guardadas em Campinas, na casa da minha avó. Mesmo que inconscientemente, elas representam meu primeiro ponto de contato com o vôlei dos adultos.

Meses depois conheci Julio Velasco, argentino que treinava a seleção italiana, o time que dominaria o vôlei internacional na década de 1990. Meus pais me levaram a um evento e em determinado momento encontramos Velasco. Eu não tive dúvida ao me apresentar:

– Sou Bruno, o melhor sub-5 do Brasil.

Assim, direto.

Velasco arregalou os olhos, meu pai me olhou espantado, e depois de um breve instante de constrangimento os dois explodiram numa gargalhada.

Minha sinceridade infantil não tinha filtros. Aconteceu uma situação semelhante com Renan Dal Zotto, na época ponteiro no Parma. Renan é um monumento do vôlei brasileiro. Ele jogava com meu pai quando a seleção conquistou a prata na Olimpíada de Los Angeles, em 1984.

– Bruno, quem é o melhor jogador do mundo? – ele me perguntou com um sorriso.

Não hesitei nem por um instante:
– Renan, você é ótimo, mas o melhor é o Karch Kiraly – respondi, convicto.
Kiraly era ninguém menos que o jogador símbolo do time americano que destruiu o sonho brasileiro do ouro olímpico em Los Angeles.
Por sorte, Dal Zotto começou a rir. Inconscientemente ou não, desde criança eu não tenho medo de nada nem de ninguém.

> > >

Nesse meio-tempo, o Perugia havia se tornado um time de primeiro nível do vôlei feminino, tanto que em abril de 1992 a equipe dos meus pais estava disputando as finais da Copa Itália. O PalaPanini, em Modena, onde aconteceram os jogos, me deixou arrepiado: era tão grande e majestoso! Mal sabia eu o quanto esse ginásio se tornaria parte da minha vida. Havia dois anéis para os espectadores, um teto altíssimo, com as curvas lotadas de gente, cores, bandeiras. Uma maravilha absoluta.

Na final, o Perugia desafiou o Matera. A partida foi muito equilibrada, chegando ao quinto set, 16 a 16. Na época o tie-break não passava do 17º ponto. Então minha mãe atacou uma bola indefensável na diagonal curta e fez o ponto que definiu o jogo. Enlouqueci de alegria. Eu não estava jogando, mas era como se estivesse. Essa é a minha primeira lembrança de um título dos meus pais e foi uma emoção muito grande.

A família Rezende-Mossa encerrou a experiência em Perugia com duas finais consecutivas: a primeira em 1991 contra o Ravenna, a segunda em 1992 contra o Matera, uma Copa Itália perdida e outra ganha. Um resultado maravilhoso para uma equipe que, apenas dois anos antes, foi derrotada em 10 dos primeiros 11 jogos do campeonato.

Nesse momento, meu pai migrou para o vôlei masculino e foi contratado pelo Modena. O Modena está para o vôlei como o Real Madrid ou o Barcelona estão para o futebol. Mas em pouco tempo ele descobriria que havia chegado na temporada errada. Minha mãe também mudou de time e partiu para o Sumirago. Eu e meu irmão fomos morar com ela na Lombardia. Encontramos uma casa em Albizzate, pertinho da arena, e a Anna, a senhora que ajudava na nossa casa do Rio, foi com a gente. Nos fins de semana, íamos visitar meu pai na Emília-Romanha.

Foi lá que comecei minha aventura escolar. Matriculado na alfabetização, eu já falava italiano melhor do que meus pais.

Naquela temporada, minha mãe terminou o campeonato em 10º lugar, a mesma posição do meu pai no Modena. Ela estava num time de transição. No ano seguinte chegaria o novo presidente, Giovanni Vandelli, e a equipe voltaria a ganhar. Mas meu pai não permaneceu lá para descobrir isso. Ao final da temporada de 1992-93, a Confederação Brasileira de Vôlei (CBV) tomou uma decisão que mudou a vida dele – e, consequentemente, a minha também. Bernardo foi nomeado técnico do time feminino do Brasil. Minha mãe, no entanto, decidiu ficar mais duas temporadas em Sumirago.

Em 1994, a vida me pôs à prova pela primeira vez e, como aconteceria com frequência no futuro, de um modo totalmente inesperado. No dia seguinte à minha festa de aniversário de 8 anos – um 3 de julho que nunca mais vou esquecer –, meus pais me contaram que iam se separar. Foi um choque, sem nenhum aviso. Eles me pareciam felizes. Por que isso estava acontecendo?

Fiquei triste, tentei entender, mas foi muito difícil para mim. Não demorei a me acostumar a vê-los com outras pessoas, só que, ainda assim, algo tinha mudado dentro de mim.

Acho que tudo isso influenciou minha vida "nômade" depois de adulto. O Murilo, meu amigo e companheiro de aventuras na seleção (e um dos maiores ponteiros que o Brasil já teve), sempre me dizia: "Bruno, tenha uma casa sua, compre um refúgio." Ele falava isso porque sempre fiquei indo e vindo entre a casa da minha mãe, do meu pai e dos meus avós, até chegar à acomodação designada a mim pelos clubes onde jogo. Talvez seja justamente a herança da separação dos meus pais que me fez viver assim.

Dessa forma, no início de 1994, voltei para o Brasil e fui morar com meu pai no Rio de Janeiro. Na Itália eu havia feito amigos e encontrado uma família unida pela mesma paixão que eu. Eu teria que recomeçar do zero, vendo meus pais substituírem os sorrisos por olhares distantes. Eles eram carinhosos comigo, entendiam a fase complicada que eu estava atravessando, continuavam a se respeitar e nunca diziam nada de ruim sobre o outro. Mas eu estaria mentindo se dissesse que me sentia bem com aquela situação

Foi no Rio, em 1996, que vivi minha primeira aventura no vôlei. Comecei a jogar no Fluminense, o mesmo clube em que meu pai começou; eu me inscrevi quase por inércia, como se o filho de Bernardinho e Vera Mossa não pudesse fazer nada além de jogar vôlei.

Ele acreditava que o Fluminense seria o melhor lugar para mim porque era lá que estava o mestre Bené, seu primeiro treinador e lenda do vôlei brasileiro. Além do meu pai, Bené descobriu outros medalhistas da seleção de prata, como Bernard e Fernandão. A idade avançada não permitia que ele entrasse nas quadras das Laranjeiras, mas, sentado em sua cadeirinha, ele observava tudo. Eu tinha três anos a menos que os demais jogadores da categoria mirim, mas conquistei um pequeno espaço no time e entrei nos jogos para sacar e defender. Nosso técnico era o Paulo Guaraná, mais conhecido como Girino. Ele era um cara rígido, mas muito humano, no ponto certo. Um cara que sabia cobrar e acolher. Era capaz de tudo para proteger o time.

Chegamos à final regional contra o Flamengo, onde conheci Leandro Vissotto, jogador extraordinário que mais tarde viveria comigo uma avalanche de vitórias na seleção. Perdemos o jogo, a primeira final da minha vida. Naquele momento confirmei que não gosto nem um pouco de perder, principalmente jogando vôlei.

Fiquei no Fluminense apenas um ano, mas foi uma experiência muito rica fazer parte de um time, compartilhar momentos e entender que ninguém vence sozinho.

> > >

As peregrinações do meu pai continuavam, e ele foi para Curitiba comandar o projeto do time feminino do Rexona, mas dessa vez não fui com ele. Minha mãe já estava de volta ao Brasil e segui com ela para Campinas, cidade dos meus avós maternos. No novo endereço, o destino me colocou literalmente de cara para o esporte: morávamos em frente ao clube Fonte São Paulo. O problema era que lá não tinha um time de vôlei para meninos da minha idade. Aos 12 anos, sem vôlei e cheio de energia, comecei a praticar todos os esportes que apareciam na minha frente, do futebol – em que me descobri um bom meio-campo – ao badminton.

No futebol, meu ídolo era o Túlio Maravilha, cujo nome por si só já é pura poesia. Um atacante com faro de gol, que jogava pelo Botafogo, meu time do coração. Ele não tinha a técnica dos supercampeões, mas eu era doido por ele. Túlio corria mais do que todos, lutava mais do que todos, sempre a mil por hora. A gente olhava para ele e acreditava que, se ele tinha conseguido, a gente também podia chegar lá.

Tenho uma aptidão natural para várias modalidades esportivas, provavelmente por uma questão genética: meus pais não são os únicos atletas da família. Meu avô Carlos Luiz Mossa obteve o recorde brasileiro nos 110 metros com barreiras e ganhou o título sul-americano em 1965.

Comecei a jogar badminton porque alguns amigos jogavam, mas não demorou para os resultados aparecerem – em pouco tempo eu já competia em torneios internacionais. Com apenas 13 anos cheguei à final do Pan-americano infantojuvenil, em Guadalajara. Perdi para um chileno que não era melhor do que eu. Tudo por falta de estratégia. Meu jogo era camicaze, e naquele dia não deu certo. Lembro até hoje de cada detalhe daquela final. Mas ainda assim fiz história na competição, conquistando a medalha de ouro nas duplas mistas ao lado de uma peruana. Fui o primeiro brasileiro a levar um ouro Pan-americano no badminton.

Um ano depois, tinha me tornado o jogador mais jovem a alcançar a categoria Especial. Àquela altura eu era um adolescente jogando de igual para igual contra os adultos. E foi ali que identifiquei duas características muito evidentes da minha personalidade: sou perfeccionista e não sei lidar com a derrota.

Certa vez, durante um torneio de badminton em Blumenau, quebrei a raquete num acesso de raiva. Meu pai estava na arquibancada e me deu uma bronca depois do jogo:

– Por pouco eu não entro na quadra e tiro você de lá! Nunca mais faça isso!

Depois desse incidente, fui conversar com uma psicóloga para tentar tratar minha dificuldade de aceitar a derrota, mas a iniciativa não fez efeito naquele momento.

> > >

Em 1999 finalmente voltei a jogar vôlei. Minha disposição era tanta que eu conseguia jogar badminton, futebol e vôlei ao mesmo tempo. Fiquei revezando entre as três modalidades por uns

dois anos até que meu pai me chamou para uma conversa séria, que começou a definir o meu futuro:
— Bruno, acho que você deveria fazer uma escolha...
— Como assim? – perguntei, meio desconfiado.
— Faz dois anos que você se dedica às suas paixões. Vôlei, badminton, futebol... Você está experimentando todos os esportes de que gosta. Mas se seu objetivo for ser um atleta profissional em algum deles, sugiro que pare de pular de um esporte para outro. E eu estou aqui para te apoiar, qualquer que seja sua decisão.

Ele não soou autoritário, não queria me impor uma decisão. Estava apenas fazendo o que quase todos os pais fazem. Sua intenção era que eu focasse minhas energias.

— Vou pensar no assunto, pai – respondi.

Demorei um pouco, mas acabei escolhendo o esporte que trazia as melhores lembranças da minha infância, que aproveitava a minha genética e me levava ao lugar que mais amo desde os tempos em que era o melhor jogador sub-5 do Brasil: a quadra de vôlei.

2
MAIS FORTE QUE AS VAIAS

O Brasil sempre viu o esporte como uma válvula de escape, uma forma de afirmar a força de um país ao mesmo tempo magnífico e cheio de contradições. Assim, nossas estrelas mais brilhantes se tornam os filhos preferidos de uma nação inteira. Senna, Romário, Guga e Ronaldo são apenas alguns desses campeões que marcaram a minha história e a de todos os brasileiros.

Entre o fim dos anos 1980 e o início dos anos 1990, Ayrton Senna venceu três Mundiais e 41 grandes prêmios de Fórmula 1, despertando o entusiasmo dos torcedores com sua fantástica capacidade de voar até sobre a água. Ayrton era de todos sem pertencer a ninguém, uma fonte de inspiração, no esporte e na vida.

Eu tinha voltado para o Brasil com meu pai em 1994, justamente o ano do trágico acidente que tirou a vida de Senna no grande prêmio de Ímola. Naquele momento em que todos lamentavam a morte do nosso campeão, Romário emergiu como o novo símbolo do esporte nacional, levando a seleção de futebol ao sucesso com a vitória na Copa do Mundo.

O próximo brasileiro a ganhar o coração do povo foi o tenista de Florianópolis Gustavo Kuerten, o Guga. Com o título de Roland Garros em 1997, Guga foi o primeiro brasileiro a conquistar um título do Grand Slam desde Maria Esther Bueno, repetindo o feito em 2000 e 2001, e se tornando o primeiro jogador do ranking mundial de tênis.

Já em 2002, Ronaldo "Fenômeno" herdou a posição de símbolo verde-amarelo do esporte mundial quando conduziu a seleção de futebol ao sucesso na Copa da Coreia e Japão. A Alemanha foi derrotada por 2 a 0 na final com dois gols seus.

Naquele período, porém, havia mais dois grupos entrando no olimpo do esporte mundial: as seleções de vôlei feminina e masculina. Times que, partida após partida, acendiam em mim o desejo de vestir a camisa do Brasil. Um sentimento que ainda hoje me leva a colocar as cores do meu país acima de qualquer outra coisa.

A década de ouro do Brasil no vôlei masculino começou em 2001, quando meu pai, após pouco mais de seis anos à frente da seleção feminina, período em que conquistou diversos títulos e dois bronzes olímpicos (Atlanta em 1996 e Sydney em 2000), foi chamado para assumir a seleção. Em pouquíssimo tempo ele conseguiu dar forma a uma geração de vencedores – um grupo de jogadores talentosos que se ajustaram perfeitamente à sua filosofia, baseada no trabalho duro. Giba tinha carisma e classe, Sérgio era um símbolo de superação. Ao lado deles ainda estavam os incríveis Ricardinho, Nalbert, Gustavo e André Heller, entre outras feras.

> > >

Assim que tomei a decisão de focar no vôlei, tudo pareceu se alinhar do jeito certo. Eu me sentia leve e feliz, com a certeza de ter feito a escolha correta. A pressão de ter que provar não ser somente o filho de Bernardinho e Vera Mossa viria muito mais tarde. Naquele momento, eu não tinha como saber quão incômoda se tornaria, em tão pouco tempo, a figura do meu pai.

Nas quadras, eu só não gostava de assumir uma posição: levantador. Meu saque era bom, minha manchete era boa, mas meu toque não era dos melhores. Uma das explicações possíveis é que tenho mãos pequenas. Se você observar as mãos de um levantador vai se impressionar. Maurício, bicampeão olímpico, tem mãos gigantes que parecem raquetes. Eu jogava na ponta, me destacava no saque e no passe. Nosso levantador era o Guilherme e nosso técnico era o Adilson Zambom, conhecido como "Chupa".

Tudo ia bem até que o Guilherme avisou que iria para o Canadá fazer intercâmbio. Sem meias-palavras, o Chupa apenas me comunicou:

– Bruno, você será o novo levantador do time.

Ele me meteu em uma verdadeira zona de desconforto! Mas se por um lado eu precisava colocar mais carinho no meu namoro com a bola e fazer um trabalho dobrado para ser cada vez mais preciso no toque, por outro a minha leitura de jogo – algo que só podia ser herança de uma vida inteira vendo e ouvindo tudo sobre vôlei – me ajudou muito. Era instinto puro: eu sabia a hora de rodar o time, de preservar ou acionar alguém na quadra. Acho que é por isso que fui escolhido para a função.

A passagem pelo badminton também me ajudou. No jogo de alto nível, a peteca é muito rápida, e o jogador desenvolve um jogo de pés impressionante. E se engana quem pensa que o segredo do bom levantador está apenas na precisão do toque. É mais que isso. Um passe que vem fora da rede obriga o levantador a fazer vários deslocamentos na quadra porque tudo vira um efeito dominó. Se me desloco mais rápido e chego antes na bola, fico em mais condições de ser preciso e poder acionar qualquer atacante do meu time com velocidade.

Como eu precisava acelerar minha adaptação na posição e ganhar horas de jogo como levantador, Chupa me colocou em duas categorias: infantojuvenil e juvenil.

Nosso time era bom e nosso técnico, bastante rígido. Não eram poucas as vezes em que, depois de vencermos um jogo, ele nos mandava dar 10 voltas no clube ou subir e descer as arquibancadas 10 vezes. Isso criava um estado de alerta constante e fazia com que ninguém entrasse numa partida desligado. Para ele, ganhar não era o único objetivo. Jogar bem era tão importante quanto vencer.

No início de 2003, depois do fim da primeira temporada como levantador, recebi um convite do Banespa, comandado pelo Montanaro, outro medalhista de prata junto com o meu pai. Ele era o chefão do time mais famoso do Brasil, com a maior e mais disputada peneira e uma lista de campeões olímpicos formados na sua base. Gente grande como Giovane e Marcelo Negrão. E o melhor: eu não precisaria fazer teste para entrar. Seria só trocar Campinas por São Paulo e jogar na categoria infantojuvenil. Mas *apenas* na infantojuvenil.

Pensei, repensei, e as palavras do Chupa me ajudaram na decisão:

– Você é levantador há pouco tempo e precisa jogar mais. Em Campinas você joga em dois times.

Ele tinha razão. O time juvenil do Banespa era recheado de jogadores que já estavam na seleção brasileira e, entrando na infanto, eu teria que esperar muito pela minha vez. Uma semana depois, fiz o que poucos fariam: disse não ao Banespa.

Meses depois, o destino colocou o Fonte São Paulo contra o Banespa na final do campeonato paulista infantojuvenil e nós ganhamos, na quadra deles. Mais alguns dias, e foi a vez da final juvenil com os mesmos clubes, mas aí a festa foi dos nossos adversários.

Uma temporada e meia na nova função, um convite do maior formador de jogadores do Brasil, duas finais e um título na bagagem – até hoje agradeço ao professor Adilson Zambom por me proporcionar essa experiência.

De tudo que vivi no início do sonho de ser jogador, ficou uma certeza: um profissional com olhar aguçado e talento para formação de atletas é um verdadeiro tesouro.

> > >

Durante cinco anos, de 2001 a 2006, Bernardinho esteve no comando da seleção masculina, conquistando 16 troféus, entre os quais uma Olimpíada, dois títulos mundiais e cinco ligas mundiais. Tanto ele quanto seus jogadores se tornaram famosos como astros de rock.

Um *passo de cada vez, Bruno*, eu pensava, enquanto essa geração me inspirava a sonhar um dia vestir a camisa da seleção brasileira.

Ao visitar meu pai no Rio de Janeiro, uma feliz coincidência aconteceu. A seleção que havia conquistado o campeonato mundial na Argentina em 2002 – o time fantástico de Nalbert, Giba, Ricardinho, André Nascimento, Dante, Gustavo e Serginho, além de Giovane e Maurício, remanescentes do ouro olímpico de 1992 em Barcelona – estava treinando na cidade.

Sem consultar minha vontade ou disponibilidade, meu pai foi direto:

– Amanhã o Maurício vai ganhar folga para passar o dia comemorando o aniversário do filho, e você vai nos ajudar no treino.

O treino aconteceu na Escola de Educação Física do Exército, na Urca, um dos lugares mais lindos do Rio. Mas se me perguntassem se eu tinha visto o Pão de Açúcar bem ali do lado, se fazia sol ou chovia, eu não saberia responder. Todo o meu foco estava em fazer o meu melhor no treino com os maiores jogadores do mundo.

No contato com eles na quadra, todos adultos e prontos, logo percebi como a nossa distância física era grande. Eu tinha apenas

17 anos e estava no treino mais puxado da minha vida. Até hoje me lembro do Giovane pedindo uma bola mais rápida. Eu colocava toda a minha força, ele batia e pedia novamente:

– Mais rápida, Bruno! Mais rápida!

Eu nunca perguntei ao meu pai se fui bem ou mal naquele treino. Voltei para Campinas e, alguns dias depois, meu pai ligou e deu a notícia que começaria a mudar a minha vida: a Unisul, time de Florianópolis que disputava a Superliga, tinha uma vaga para mim. Mas não era uma contratação. Era um espaço para desenvolvimento. Eu não teria salário nem ajuda de custo. Eu teria uma vaga num apartamento onde já moravam outros cinco jogadores, alimentação e uma bolsa na Universidade.

O diretor do time era o Renan Dal Zotto, mas quem fez a "propaganda" sobre mim não foi meu pai, como seria de se esperar. O responsável foi o central André Heller, que era um destaque do time da Unisul e tinha treinado naquele bendito domingo na Urca. O André conversou com Renan, que conversou com Carlos Weber, o técnico do time, e, aí sim, meu pai e Renan selaram a minha ida para Santa Catarina.

Na chegada fui recebido pelo gerente do time, um ex-jogador de futsal que fez muito sucesso na Espanha, o Chico Lins. Nosso primeiro diálogo já deixou claro que a convivência seria ótima:

– Como vai o senhor, seu Chico? – cumprimentei-o de maneira formal.

A resposta veio como uma devolução do Nadal:

– Seu Chico é a pqp! Se me chamar de seu Chico de novo eu acabo com a tua carreira que nem começou ainda!

E nós dois caímos na gargalhada.

Mas a história da minha chegada ainda tinha um detalhe que foi mantido em segredo por vinte anos. O casal Renan e Annalisa me viu nascer, então, quando a Anna ficou sabendo que eu trocaria a casa da minha mãe em Campinas por uma espécie de "república" em Florianópolis, chamou o marido e disse que eu deveria ficar hospedado na casa deles, na belíssima praia de Jurerê. Por dias e dias, ele ouviu os argumentos da esposa:

— E se fosse com um dos nossos filhos? Você não iria querer que eles ficassem na casa da Vera ou do Bernardo? Traga o Bruno para nossa casa! Ele fica com os meninos e ainda pode ir e voltar dos treinos com você!

Renan não cedeu e não se arrepende da decisão até hoje, mas quando conta os detalhes das conversas do casal, fica evidente que não foi fácil convencer a esposa de que aquela não era a melhor ideia para a formação de um atleta. Renan entendia que aquela regalia não cairia bem para a imagem dele, o diretor do time, muito menos para mim, o jovem querendo vencer no vôlei e que já carregava dois sobrenomes tão pesados no esporte brasileiro.

Já adulto, quando fiquei sabendo dessa história, agradeci muito à Anna pela tentativa de me proporcionar um conforto maior e ao Renan por apresentar a realidade para o jogador que precisava crescer a aprender. E, assim, fiquei no apartamento com mais cinco colegas, num quarto sem janelas, dormindo num colchão fininho esticado no chão. Eu e meus sonhos.

> > >

A máxima de que a primeira vez a gente nunca esquece é 100% verdade no meu caso. Eu treinava na Unisul, mas ainda não era relacionado para os jogos. Ia para o ginásio de camisa polo branca e bermuda azul, o nosso uniforme de passeio. Ouvia as últimas palavras do técnico Carlos Weber com o grupo e depois me dirigia ao espaço reservado para os jogadores que não eram relacionados para a partida.

Foi com esse roteiro na cabeça que cheguei para assistir ao jogo Unisul x Intelbras, um clássico catarinense, na última rodada

da fase de classificação da Superliga de 2003/2004. Um pouco antes da entrada do ginásio encontrei o Weber, que, sem nem me dar boa-noite, fez uma pergunta seguida de uma ordem:
– Você trouxe o uniforme? Hoje você vai fardar!
Eu tremi e gelei. Nessa ordem. Primeiro porque não tinha levado o uniforme de jogo e depois porque o sonho que eu alimentava desde a Itália, quando ainda era uma criança acompanhando a vida dos meus pais, estava a poucos minutos de virar realidade.

O ginásio Carlos Alberto Campos fica no Estreito, um dos bairros mais tradicionais de Florianópolis, na parte Continental. Fica colado no estádio do Figueirense, o Orlando Scarpelli, e, para minha sorte, o prédio onde eu morava fica perto. Enquanto alguns jogadores ainda estavam chegando, saí correndo como um louco pela rua até meu apartamento, a seis quadras dali.

A torcida vinha num sentido e eu avançava no sentido contrário. Até hoje não sei como consegui correr e usar o telefone ao mesmo tempo, mas liguei para a minha mãe:
– Mãe, eu vou fardar! Eu vou pro jogo! Liga no SporTV!

Na corrida de volta para o estádio, liguei para o meu pai e dei a notícia. E depois tudo virou um sonho.

Ganhamos o jogo sem que eu entrasse em quadra, mas apareci na hora do hino nacional e nos tempos técnicos batendo bola. Quando a câmera passava perto de mim, ficava vermelho de vergonha. Era tudo muito novo.

Se eu fosse definir a felicidade em uma só palavra, a melhor que encontro é *pertencimento*. Fazer parte de um grupo com tantas referências como Marcelinho, André Heller, Dirceu e Milinkovic, entre outros, foi superimportante para o meu crescimento como jogador.

A imagem do meu primeiro dia fardado segue viva na memória. Cada vez que lembro abro um sorriso típico de saudade boa.

Uniforme todo azul-marinho, camisa 11 e um "B Rezende" estampado nas costas. Foi assim que realizei o meu sonho de criança.

>>>

Ainda em 2003, fui convocado para meu primeiro colegial, em que são selecionados os atletas que participarão do Mundial sub-19. Aquela seria minha primeira oportunidade real de chegar à seleção. Mas eu, Lucão e Alison, futuro campeão olímpico no vôlei de praia no Rio, fomos descartados. O Brasil venceu aquele torneio, a Índia ficou com a prata e o Irã com o bronze.

No ano seguinte, surgiu uma nova chance: integrei o grupo da seleção de juniores (desta vez para o Sul-americano), mas fui cortado.

No trajeto de volta para casa depois do corte, tentei pôr meus pensamentos em ordem.

Duas tentativas, as duas fracassadas. Será que eu vou conseguir seguir nesta carreira profissionalmente?

Enquanto esse pensamento ecoava na minha cabeça, meu telefone tocou. Por um momento não entendi o que estava acontecendo. Demorei um instante para voltar a me sintonizar com o mundo real. Olhei para a tela. Era meu pai.

– Como você está? – perguntou.

Ele estava claramente preocupado comigo, temendo que o corte fosse um golpe duro demais para absorver. E foi um pouco assim mesmo.

– Tudo bem – respondi, tentando não deixar transparecer minha decepção.

– Está mesmo?

– A partir de amanhã volto a treinar porque não quero mais viver essa sensação – respondi, seguro.

>>>

– Bruno, você está dentro.

Esperei ouvir essas palavras por dias, enquanto estava na concentração com a seleção sub-21, depois de uma série de amistosos na Holanda, em 2005. Quando enfim elas chegaram, a satisfação foi enorme. Significava que eu estava entre os convocados para o mundial da categoria. O torneio seria disputado na Índia, e eu iria vestir a mesma camisa que minha mãe e meu pai usaram.

Naquele momento comecei a ver os frutos do trabalho e da perseverança que meus pais me ensinaram a cultivar, de não desistir após uma grande frustração.

Acabamos perdendo a final por 3 a 0 contra a Rússia e levando a medalha de prata. Naquele grupo estavam, entre muitos outros amigos, o Thiago Alves e o Lucão, dois irmãos para mim; do lado oposto, estavam o levantador Grankin e o central Volkov. Eu os encontraria mais adiante, muitas vezes – talvez até demais.

Nesse meio-tempo, o maior patrocinador da Unisul, a Cimed, resolveu romper a parceria e montar seu próprio time. Recebi uma proposta para seguir na Unisul e uma proposta para começar o projeto da Cimed. Escolhi a segunda opção pelo mesmo motivo que, alguns anos antes, me fez dizer não ao poderoso Banespa e seguir no Fonte São Paulo: na Cimed a minha chance de jogar seria muito maior. Se um dia a história do nosso time virar filme, será do tipo clássico de Hollywood com sangue, suor e lágrimas. Porque desde a primeira temporada o que não faltou foi emoção!

Com o time novo, disputamos a Liga B, a seletiva para a Superliga, no calor de Cuiabá. Tudo ia bem até que na semifinal o Joinville quase acabou com o nosso sonho. Passado o susto, jogamos a final contra o Santo André e garantimos a vaga.

Quando chegamos à Superliga, o projeto da Cimed já tinha os pés bem cravados no chão. O grupo era uma mistura de jovens talentos, ainda não testados como protagonistas, e alguns jogadores consagrados, veteranos. A nossa expectativa era tão realista que a direção prometeu um prêmio caso chegássemos às semifinais. E só.

A competição começou, as peças se encaixaram e o time foi derrubando favoritos até a grande final entre Cimed e Minas numa melhor de cinco jogos. Como nossa vocação era para filmes com emoção, tudo foi decidido no último duelo, na casa deles, o lendário ginásio do Mineirinho totalmente lotado, com 18 mil pessoas.

Manhã de domingo, jogo transmitido para todo o Brasil, dentro do *Esporte Espetacular*, da TV Globo. Com o placar clássico de 3 a 1, pulamos direto para os livros da história do vôlei brasileiro. A Cimed foi o primeiro time a conquistar a Liga de acesso e a Superliga na mesma temporada. E eu tive a honra de ser escolhido o melhor levantador da Superliga com apenas 19 anos.

No dia seguinte, fiquei sabendo que eu estava na lista ampliada de 25 jogadores inscritos para a Liga Mundial. E aconteceu uma primeira convocação para a seleção B, um time formado por jogadores novos, para adquirir experiência internacional e se preparar para uma possível convocação para o time principal.

Quem me contou a novidade não foi meu pai, como eu esperava. Fiquei sabendo pelos dirigentes do clube na manhã seguinte às comemorações pelo título, quando fui até lá dar algumas entrevistas.

Só mais tarde falei com meu pai.

– Você não me disse nada – comentei, demonstrando minha surpresa.

– Eu não tinha que dizer nada, Bruno. A notícia foi divulgada hoje e você deveria saber hoje. E, além do mais, nos últimos dias você estava ocupado com a final do campeonato e não era justo te atrapalhar – justificou meu pai e meu futuro técnico.

Após uma série de amistosos com a seleção B, alguns dos

jogadores foram convocados para fazer parte do grupo que iria participar da Liga Mundial, e eu estava entre eles.

Na hierarquia da seleção brasileira eu era o terceiro levantador: na minha frente estavam Ricardinho e Marcelinho. Dois campeões.

Nos primeiros treinos observei os outros jogadores com atenção, estudando seus movimentos e comportamentos, tentando aprender o máximo possível. Bastaram poucos dias para que eu entendesse por que aquele grupo ganhava por tantos anos. Eles eram insaciáveis. Mesmo depois de alcançar todos os objetivos que um jogador de vôlei pode almejar, eles ainda treinavam todos os dias com coração e paixão. Tinham nos olhos a garra de quem quer conquistar o mundo. Eu estava impressionado ao descobrir quanta determinação meus ídolos mantinham após tantos triunfos.

É isso que significa mentalidade vencedora, penso.

> > >

No ano seguinte, 2007, chegamos mais uma vez à final da Superliga, perdendo para o Minas. Novamente fui escolhido o melhor levantador do torneio e convocado para a Liga Mundial.

Enquanto os astros da seleção aproveitavam alguns merecidos dias de férias antes que os jogos ficassem mais disputados, consegui finalmente entrar em quadra na Coreia e na Finlândia, durante a fase de grupos. Os titulares voltaram para a fase final na Polônia e vencemos o torneio. Ricardinho foi escolhido o melhor jogador da competição.

Eu tinha voltado para Florianópolis e me apresentado à Cimed, quando recebi uma ligação me chamando novamente para a seleção brasileira, para ajudar nos treinamentos para o Pan-americano de 2007, no Rio de Janeiro. O ritmo do vôlei é frenético e muitas vezes as coisas vão acontecendo sem que a gente se dê conta.

Na quinta-feira, antes do voo para o Rio de Janeiro, telefonei para meus companheiros de time de Florianópolis.

– Pessoal, vou treinar com a seleção, mas domingo estou de volta. Vocês estarão por aí?

– Claro – eles responderam.

– Então não façam planos. Vamos fazer um churrasco!

No entanto, Ricardinho não chegou no dia seguinte, junto com o resto do grupo. Não fiz perguntas e simplesmente continuei treinando. Vi meu pai com o rosto tenso, com cara de poucos amigos. Ele devia ter seus motivos para estar daquele jeito, pensei. Mas quando estou na seleção procuro não lhe dirigir a palavra. Nas quadras ele é Bernardinho, o treinador da seleção, e não Bernardo, meu pai. Sempre respeitei o distanciamento que deve existir entre técnico e atleta. Ali não há espaço para a relação de pai e filho.

Ricardinho se apresentou na concentração apenas na tarde de sábado. A princípio não vi nada de anormal nisso, e corri para arrumar minhas coisas. Tinha que me apressar se quisesse chegar em casa a tempo de organizar o churrasco do dia seguinte.

Às 18h, porém, fui chamado pelo nosso preparador físico, Zé Inácio:

– Bruno, venha ao meu quarto. Preciso que você assine um documento.

Sem dar muita importância àquele pedido estranho, fui até lá.

Assim que entrei no quarto, vi um papel e uma caneta em cima da escrivaninha. Quando finalmente li, entendi o que estava acontecendo.

Meu pai e sua comissão técnica não aceitaram o atraso de Ricardinho. Acredito que consideraram seu comportamento pouco profissional e decidiram cortá-lo do Pan-americano. Resultado: fui convocado no lugar dele. Seria a minha primeira participação em um torneio internacional daquele calibre, como reserva de Marcelinho.

Saí do quarto do Zé Inácio meio atordoado, quase sem conseguir falar. Pouco depois, entrei no elevador com André Heller, um dos veteranos. André já tinha uma medalha de ouro olímpica e era um exemplo para todos nós mais jovens.

– Bruno, fique tranquilo, você não tem nada a ver com isso – disse ele com a voz segura. – Continue a fazer o que está fazendo. O time confia em você.

> > >

No final do dia, após o treino noturno, fui ao quarto do Ricardinho junto com Giba. Ele estava compreensivelmente contrariado.

– Não entendo essa decisão, fui eleito o melhor jogador da última Liga Mundial. Não é justo.

Absorvi seu desabafo com dificuldade de encontrar as palavras.

– Eu não merecia isso... – continuou ele.

Eu acreditava que aquela exclusão seria apenas uma decisão temporária. Uma escolha ditada pelo calor do momento e pela vontade de passar uma mensagem ao time: "Aqui somos todos iguais e todos devem se submeter às mesmas regras..."

– Assim que as coisas se acertarem, você vai retomar seu lugar no time – eu disse a ele, e estava realmente convicto disso.

Mas não seria assim: muitos anos passariam até que Ricardinho voltasse a vestir a camisa verde-amarela.

> > >

A poucos dias do início do torneio, a mídia estava em polvorosa. Era compreensível, já que a competição seria disputada no Rio de Janeiro e nossa equipe era a campeã olímpica e do mundo naquele momento. Depois da derrota em 2003, na semifinal contra a Venezuela, o Pan-americano era o único título que ainda faltava ao grupo. Em resumo, todos esperavam o fim do jejum.

A mídia explorou muito o fato de eu ser filho do técnico, sugerindo que, por nepotismo, meu pai dispensou Ricardinho – ninguém menos que o melhor levantador do mundo. Tentei não dar importância a isso e me concentrar apenas em treinar. Mas não foi nada fácil.

Na minha primeira entrada em quadra, fui recebido com vaias. Compreendi aquela reação e nem fiquei tão mal, pois eu sabia do desejo do público de ver Ricardinho em quadra. Não era um ataque pessoal. Eu sabia do meu valor como jogador e tinha certeza de que ninguém havia me dado nada de graça. Entretanto, o que eu deveria fazer para que os outros também soubessem disso?

Vencemos o Pan – na final contra os EUA – sem perder sequer um set, mas para mim foi uma experiência agridoce. Eu não esqueceria facilmente aquelas vaias.

> > >

Estávamos em 2008, ano de Olimpíada, o sonho de qualquer atleta. Nosso time era muito experiente. Os centrais eram Gustavo e André Heller; no levantamento, Marcelinho, e André Nascimento como oposto; ponteiros, Dante e Giba, com Sérgio como líbero. Eu entrava numa dupla substituição junto com Anderson; me sentia confiante, cada vez mais entrosado com um grupo de campeões extraordinários. Foram eles que me transmitiram os valores que conduziriam a minha vida no vôlei dali em diante. Apesar de terem vencido tudo que havia para vencer, a cada dia eles levavam ao ginásio dedicação ao trabalho, vontade de sofrer, empenho absoluto. Ao longo dos anos, alguns jogadores talentosos chegaram ao time principal, mas não permaneceram na seleção. O motivo era simples: não conseguiam se alinhar com a mentalidade do grupo.

Como grande parte da equipe havia vencido a Olimpíada de 2004, chegamos a Pequim serenos, com a consciência daquilo que devíamos fazer para chegar até o fim da competição. Tínhamos muita confiança em nossas habilidades. Não era arrogância, era um fato. Sabíamos que éramos bons.

A vila olímpica era um lugar mágico. Ao caminhar pelas ruelas, via Federer e Nadal, encontrava Bolt no refeitório, esbarrava com Kobe Bryant, Lebron James e outros do Dream Team americano de basquete, conversava com os grandes jogadores do Brasil, como Ronaldinho... Como era o mais jovem do time, eu estava sempre disposto a tudo, até a pegar a bicicleta para ir à praça de alimentação buscar hambúrgueres para todos, assim que algum jogador veterano dizia as palavras mágicas: "Pessoal, vocês não estão com fome?"

Na primeira fase ganhamos quatro partidas e perdemos uma, contra a Rússia. Mas isso não foi um problema, porque, mesmo assim, nos classificamos em primeiro lugar. Nas quartas superamos a China por 3 a 0, apesar da contusão de Anderson, que nos privaria de uma peça importante nas partidas seguintes. Na semifinal vencemos a Itália por 3 a 1 e passamos para a final contra os Estados Unidos.

O primeiro set foi perfeito: ganhamos por 25 a 20, sem errar quase nada. Depois, porém, algo mudou, e os EUA começaram a jogar com toda a força. Empurrados pelos extraordinários Lloy Ball e Clayton Stanley, eles engataram um ponto atrás do outro. Tentei fazer minha parte, encorajando meus companheiros quando estava no banco e dando o meu melhor quando entrava no jogo. Mas não teve jeito: acabamos sendo derrotados por 3 a 1 pelos americanos. Levamos a medalha de prata. A decepção foi um golpe duro de digerir.

Aquela seria a última olimpíada de muitos dos meus companheiros. A história daquele grupo fantástico que dominou o mundo por quase uma década estava chegando ao fim.

Em Pequim, encerrava-se um ciclo que deixaria um legado importante para o vôlei brasileiro, e que tive o privilégio de viver nos últimos anos.

> > >

De volta ao Brasil, dei início ao ritual de comemoração com meus amigos de infância de Campinas: se tem medalha, tem churrasco. Não sei ao certo de quem foi a ideia, mas sempre que volto para a cidade depois de alguma conquista, fazemos o nosso churrasco. Superliga, Liga Mundial, Copa do Mundo, Mundial, Olimpíada, o que for. É regra.

E a comemoração pela minha primeira medalha olímpica, a prata em Pequim, deixou uma marca para sempre. Uma marca na minha medalha. Na hora das fotos alguém a deixou cair. Já tentei de tudo, mas a marca não sai. Paciência. A amizade é tudo, como canta meu amigo Thiaguinho, e a felicidade deles é a minha felicidade. Viva o nosso churrasco!

> > >

A renovação geracional que Bernardinho começou a realizar no ano seguinte tinha pilares como Giba, Murilo e Sérgio, unidos aos jovens que adquiriram um pouco de experiência na Liga Mundial dos anos anteriores: eu, Lucão, Sidão, Éder, Thiago Alves e Vissotto. Como arquitetos experientes, meu pai e seus colaboradores escolheram reformar a casa verde-amarela com bases sólidas. Além das habilidades técnicas, a mentalidade de crescimento e o trabalho duro eram os alicerces sobre os quais eles começaram a construir nosso time e, consequentemente, nossas vitórias. Isso significava uma carga diária de pelo menos uma sessão de musculação por dia, às vezes até duas.

Para explicar o culto ao trabalho que nos impulsionava, há uma historinha que gosto de contar. Certa vez, o técnico italiano Daniele Bagnoli decidiu estudar a filosofia de Bernardinho para tentar descobrir qual era o segredo do Brasil. Por uma semana ele ficou conosco no nosso quartel-general, em Saquarema, para acompanhar os treinos. Além dele, na concentração havia certa movimentação porque nossas famílias também estavam presentes. Meu pai tinha o hábito de abrir as portas do centro esportivo por uma semana a cada mês e, nessas ocasiões, nas quartas-feiras à noite costumávamos organizar um churrasco. Comida, cerveja, vinho, música, algumas partidas de baralho e muita conversa. Daquela vez Bagnoli também participou e viu muitos de nós voltando para o quarto depois da 1h da manhã.

No dia seguinte, o treinador italiano acordou sem pressa. Apareceu na sala de musculação por volta das 10h30 e se espantou por encontrá-la já cheia de atletas.

– Vocês começaram agora? – perguntou ele ao meu pai.

– Não, já estamos terminando o segundo grupo de musculação. Daqui a pouco começamos com a bola.

– Mas ontem à noite tivemos churrasco, música, festa até tarde... – Bagnoli tentava entender. – A que horas vocês começaram?

– Às 7h30 – respondeu meu pai, impassível. E, diante do olhar atônito do treinador italiano, sentiu o dever de acrescentar: – Toda semana dormimos tarde às quartas, mas o grupo sabe que no dia seguinte o treino será como todos os outros. Nunca podemos abaixar a guarda.

É essa a força da filosofia de Bernardinho. E é o motivo pelo qual, apesar da troca geracional, continuamos a colecionar vitórias: a Liga Mundial de 2009 foi uma trajetória implacável até a fase final em de Belgrado: em 12 partidas perdemos uma só vez. Na semifinal aniquilamos a Rússia, treinada justamente por Daniele Bagnoli. Em três sets eles marcaram somente 59 pontos. No último ato enfrentamos os donos da casa, a Sérvia. Eu disputaria minha primeira final como titular com a camisa do Brasil.

Nos dias que antecederam a fase final, eu me sentia muito bem, mas minha aproximação com a Stark Arena foi complicada. O estádio é uma instalação gigantesca, com um ar-condicionado central que fazia as bandeiras no alto tremularem, e eu sabia que o público da casa tornaria o jogo uma gritaria infernal. Os primeiros treinos não foram dos melhores.

– Bruno, a bola está imprecisa – um companheiro chamou minha atenção.

– Tudo bem, vou tentar outra vez – respondi.

Tentei.

– Está alta – gritou outro para mim.

– Vou tentar de novo – eu disse, cada vez mais nervoso.

Tentei mais uma vez.

– Agora está lenta demais – observou o terceiro ponteiro.

– A bola está mudando de direção – admiti.

Essa sequência de desajustes me deixou tenso e impreciso. Meu porto seguro era o Leandro Vissotto, tínhamos um ótimo entrosamento – nos momentos mais complicados, quando o ponto era decisivo ou quando eu não tinha certeza se conseguiria dar uma bola precisa, ele era minha solução preferida. Vissotto era minha âncora, e me agarrei a ele.

Como eu previa, no dia da final a barulheira foi inacreditável. No centro esportivo não cabia nem mais uma agulha: 20 mil pessoas torciam pela Sérvia. Não havia nenhum torcedor brasileiro. O estádio parecia uma arena de gladiadores, um dos públicos mais hostis contra quem joguei em toda a minha carreira. Dentro da quadra não dava para ouvirmos uns aos outros. Eu tinha dificuldade de me comunicar até mesmo com o companheiro mais próximo. Além de tudo isso, precisávamos lidar com os juízes de linha, que muitas vezes faziam marcações no mínimo *duvidosas*. Perdemos o primeiro set, vencemos o segundo e o terceiro. O quarto foi muito disputado. No final da parcial os ânimos se exaltaram. No 21 a 21, Murilo parou Ivan Miljković com um bloqueio que bateu no braço do ponteiro sérvio. Os árbitros não viram o toque e deram a bola fora. Na quadra nos desesperamos, todos gritavam, Bernardinho reclamava freneticamente. Então o juiz desceu da cadeira e se dirigiu à mesa que ficava atrás dos placares.

– O que ele está fazendo? – perguntou Vissotto.

– Não tenho ideia – respondi.

O árbitro conversou por alguns instantes com as pessoas sentadas ali, depois voltou para o seu posto... E mudou sua decisão. Ponto para o Brasil. Alguém deve ter comunicado a ele que o toque de Miljković depois do bloqueio tinha sido evidente. A reação do público saiu de controle: à quadra chegavam insultos, moedas e isqueiros. A disputa recomeçou pouco depois, com a torcida nas arquibancadas entoando o hino de guerra. Naquele caos, nós nos desconcentramos e a Sérvia levou a final para o tie-break.

A Sérvia se aproveitou da nossa inércia no início do quinto set e abriu 8 a 5. Conseguimos voltar à partida com uma virada incrível e chegamos ao match point. Minha ideia inicial era ir na bola de segurança, para Vissotto. Na primeira tentativa, eu o servi com um levantamento para trás, mas ele foi bloqueado; Sérgio salvou a bola e tive uma segunda chance para levantar. Dessa vez eu podia fazer o levantamento para Vissotto de frente.

Mais simples ainda.

Eu já estava na posição quando, no meio da confusão de milhares de torcedores descontrolados, ouvi uma voz familiar:

– Para o Giba, Giba, *Gibaaa*! – gritava Murilo para mim.

Eu estava me entregando fisicamente, mas meu papel na quadra também exigia que me entregasse a sensações, vibrações, intuições... Assim, em menos de um segundo, mudei minha escolha e levantei a bola para trás, em direção à posição 4, onde estava o Giba.

A diagonal que ele mandou foi uma obra-prima. Fechamos em 15 a 12.

A vitória em Belgrado é inesquecível para mim. A pressão pela primeira final como titular, um grupo quase todo renovado, a partida disputada naquele clima hostil. Foi um resultado incrível.

Não sei dizer se as vaias no Maracanãzinho no Pan de 2007 já estavam completamente esquecidas. Mas sei com certeza que na algazarra de Belgrado deixei claro que eu não estava vestindo a camisa verde-amarela por algum tipo de favorecimento familiar.

Naquele dia descobri que sou mais forte que as vaias.

3
O MUNDIAL DE ROMA

A música da Legião Urbana que diz "Já morei em tanta casa que nem me lembro mais" poderia muito bem retratar a minha vida. Nasci no Rio de Janeiro, mas já vivi em quatro cidades italianas: Perugia, Albizzate, Modena e Civitanova. No Brasil, morei em Campinas, Florianópolis, São Paulo e Taubaté.

E todas as outras cidades que me desculpem, mas os quase dez anos em Florianópolis têm um lugar especial no meu coração. Cheguei um menino querendo ser jogador e parti um homem campeão. Quase todas as minhas grandes amizades no vôlei foram feitas lá – irmãos como Thiago Alves, Éder e Lucão, o trio gaúcho e gremista graças ao qual não vivo sem pelo menos um churrasco por semana.

Durante o tempo em que joguei na Cimed ganhei quatro vezes a Superliga, mas não preciso pensar muito para eleger qual foi o título mais saboroso: o último. Estávamos no ginásio do Ibirapuera um dia antes da partida, o time todo reunido no meio da quadra, e nosso gerente Chico Lins começou um discurso que tinha claramente um tom de despedida. Em geral, quando há movimentação no mercado antes das finais, é sinal de que o investimento no time que perde jogadores vai diminuir, e isso significa perder força para competir. Aquela seria a nossa última final, mas a despedida não tinha tristeza, muito pelo contrário. Porque a história que construímos foi linda e vitoriosa.

Depois do discurso do Chico, eu falei, outros colegas falaram, e um choro de felicidade tomou conta do grupo. Foram cinco finais seguidas com o time amarelo e vermelho. O time do Dirceu, do Banana, do Bob, do Mario Jr, do nosso técnico Pacheco, do eterno comandante Renan, primeiro na quadra e depois na direção. O time do ginásio acanhado que virava um caldeirão a cada partida. O time da cidade, do estado. O meu time.

A história de títulos que começa no templo do Mineirinho termina no templo do Ibirapuera. O que nasce grande termina grande.

> > >

Ano após ano, vitória após vitória, cresço em experiência e consciência. Nunca fui autoritário, nunca forcei a barra para me destacar, mas, aos poucos, meus companheiros de seleção começaram a me ver como referência.

Já a relação com meu pai sempre percorreu um caminho duplo; Bernardo é meu pai, mas quando entrávamos no ginásio ele deixava claro para todos quem deveria dar o exemplo: não havia treino em que ele não me fizesse ir até o limite, em que não me repreendesse a cada exercício... A sensação era de receber um tratamento mais rigoroso que os outros. É como se ele quisesse reforçar constantemente o fato de que eu não era o levantador da seleção de graça. A situação era árdua para mim, mas eu entendia que, no fundo, essa postura protegia nós dois.

> > >

A fase final da Liga Mundial é considerada por todas as seleções uma espécie de "preparação" para o grande objetivo: o Campeonato

Mundial. Mais do que pelas partidas, porém, a Liga daquele ano ficaria sempre marcada por ter sido a primeira vez que senti despertar algo sombrio dentro de mim. Algo que não soube reconhecer na época e que me acompanharia, como uma presença traiçoeira e indesejada, em alguns momentos ao longo da vida.

Tudo começou no jogo contra os donos da casa, a Argentina. A arena obviamente estava um alvoroço, mas àquela altura eu já estava acostumado, não era um problema. Durante os jogos é normal ter um momento de insegurança após um erro, mas quase sempre consigo voltar e focar no mais importante: a próxima ação. Ainda não sei dizer por quê, mas em determinado momento aquele sentimento chegou e ficou.

Eu me assustei com aquilo. Cerrei os dentes e de algum modo consegui ficar em quadra até o fim. Vencemos depois de um tie-break dificílimo, mas não fui capaz de compartilhar da alegria dos meus companheiros no vestiário. Fui para o chuveiro sem falar com ninguém. Fechei os olhos, mergulhando nos meus pensamentos.

O que aconteceu, Bruno?

Fui dormir cedo porque no dia seguinte a Sérvia nos esperava. Seria outra partida complicada. Ainda assim, não eram os adversários que me preocupavam. Era algo diferente, que não conseguia identificar, que estava alojado em algum lugar dentro de mim. Pensei na possibilidade de conversar com meu pai, mas decidi não fazer isso: é claro que ele poderia me dar alguns conselhos, só que, na minha cabeça, eu é que deveria resolver aquilo, e não ele. Olhando para trás, talvez eu tenha errado em não pedir ajuda a ele, mas a minha vontade de manter uma relação mais profissional me impediu.

Dormi mal, acordei nervoso, e então chegou a hora da verdade. Quando o jogo começou, eu me sentia estranho, tenso. Havia passado apenas um ano da final na Stark Arena, em Belgrado, contra aqueles mesmos jogadores que estavam do outro lado da rede, mas parecia uma vida inteira. A verdade é que eu estava com medo. E não estava acostumado a ter medo, como não estava acostumado a conviver com aquele sentimento que minava minha segurança. Como no dia anterior, comecei a pensar demais.

Ponho a bola na 4?
Consigo colocá-la na 2?
Droga, não está precisa, está longa...
Nos tempos técnicos, Bernardinho foi claro:
– Bruno, mais preciso, bola rápida e jogo no meio.
Olhei para ele e entendi que ele estava tentando me incentivar.
– Pessoal, vamos trocar pontos e ganhar o set! – respondi, ostentando uma confiança que não sentia.

Meus companheiros se reuniram ao meu redor e tentaram me fazer voltar ao jogo. Se o levantamento não funciona, é difícil levar a vitória para casa. Eu sei disso e eles também. Bernardinho, principalmente, sabe. Então, vendo que eu não estava bem, ele colocou Marlon, o outro levantador, no meu lugar.

Enquanto estava indo me sentar no banco, senti seu olhar de julgamento, talvez de impaciência, sobre mim. Durou somente um instante, depois ele voltou a se concentrar no que acontecia na quadra e eu voltei a ser aprisionado pelos meus pensamentos.

Entrei em quadra novamente quase no fim da partida, mas ainda não estava lúcido. Apesar de vencermos num tie-break apertadíssimo (16 a 14), saí de cabeça baixa. Hoje, revendo as imagens do momento em que seguia para os vestiários, entendo perfeitamente o motivo pelo qual a TV as explorou tanto. Os jornalistas repetiam sem parar "O Bruno está bem?" enquanto eu aparecia na tela olhando para baixo, com a boca cerrada, em silêncio e afastado dos outros.

No dia seguinte, algumas horas antes da semifinal contra Cuba, senti a tensão começar a me invadir. Nada de estranho: é um sentimento normal quando um jogo importante se aproxima.

Ainda assim, pouco a pouco percebi que não era apenas a adrenalina percorrendo meu corpo. Em geral a adrenalina é amiga do atleta: o faz encontrar reservas de energia inesperadas, recursos imprevisíveis. Mas naquele dia meus músculos e meus nervos estavam tensionados. Por mais que eu bebesse água, minha boca continuava seca. Olhei para baixo e vi minhas mãos agitadas, meio trêmulas.

Não queria pensar nisso: cerrei os punhos, com raiva. Quando o jogo começou, as coisas pioraram ainda mais. Eu não conseguia distribuir, não parecia eu mesmo. Saí logo; substituído, mais uma vez.

Apesar da vitória que nos garantiu a vaga na final, me senti na obrigação de explicar o que estava acontecendo. No fim da partida, reuni meus companheiros e abri meu coração, como fui acostumado a fazer. Não queria me esconder, mas foi difícil encontrar as palavras certas.

– Pessoal, estou passando por um período difícil – comecei. – Mentalmente, estou com dificuldade de entrar no jogo, não sou o de sempre. – Fiz uma pausa e ergui o olhar para os companheiros que tanto confiavam em mim. Entendi que precisava continuar falando, eles tinham o direito de saber a verdade. – Peço desculpas a vocês, porque sei que isso prejudica todos.

A união é a base de qualquer equipe, principalmente no vôlei, em que nunca se vence sem um grupo unido. Ou melhor, sem isso nem se joga. Dentro de uma equipe, cada um deve fazer o seu papel. E às vezes é preciso se abrir e mostrar suas fragilidades.

Quando terminei de falar, por um instante ninguém disse nada. Baixei o olhar, fitando meus tênis. O silêncio foi finalmente quebrado pela voz de Giba, nosso capitão, que me disse:

– Você vai sair logo dessa, tenho certeza.

Então todos me abraçaram, me tranquilizaram, e eu me emocionei com aquela demonstração de afeto.

Quando estávamos quase indo embora, porém, Théo Lopes, o segundo oposto, veio falar comigo.

– Podemos conversar um segundo?

Eu fiz sinal que sim, claro que sim. Théo é um rapaz inteligente e um amigo. Além disso, eu o considero uma pessoa equilibrada, exatamente do tipo que precisamos ter por perto em um momento como aquele.

– Bruno, por que contou a todos o que está acontecendo? – ele perguntou à queima-roupa.

– Como assim? – repliquei, um pouco confuso.

– Ao se abrir você se coloca em um canto sozinho. Agora todos sabem o que se passa na sua cabeça, e você está na condição de ser criticável. Não entende isso?

Como resposta, falei algo como:

– Eu sou assim, se passo por uma dificuldade eu digo, não tenho vergonha de ser sincero e assumir as minhas responsabilidades...

E isso é verdade. Mas havia também outro motivo: eu confiava naquelas pessoas e sabia que dividir as minhas dificuldades me ajudaria. Sobretudo com um grupo extraordinário como o nosso.

Mas as palavras de Théo me fizeram pensar.

Por que ele me disse isso? E se ele tiver razão? Ser honesto assim é mesmo uma coisa boa?

Acompanhei a final com a Rússia do banco: Bernardinho pôs Marlon como titular, e eu entrei apenas para fazer algumas substituições. Eu sabia que era a escolha certa. Vencemos por 3 a 1 e colocamos na prateleira a quarta conquista internacional entre 2009 e 2010. Vivi aquela partida como se estivesse dentro de um sonho no qual tudo está de pernas para o ar. Ou talvez de um pesadelo. Meus companheiros lutaram, suaram, deram o máximo como sempre. Mas eu não consegui festejar totalmente aquela vitória, preocupado com o que estava acontecendo comigo.

>>>

O título da Liga Mundial confirmou o que a imprensa continuava a repetir: éramos os favoritos para a vitória do Mundial. Os fenômenos Murilo e Dante foram escalados como ponteiros titulares; o eterno Giba, o primeiro reserva (e que reserva!); Lucão, Rodrigão e Sidão, os centrais; Vissotto, o oposto; Sérgio ficou fora por causa de uma operação na coluna, e em seu lugar estava Mário Júnior. Nosso objetivo era vencer o terceiro Mundial consecutivo e, assim, igualar o recorde alcançado pela "geração de fenômenos" italiana.

Tentei afastar os pensamentos negativos e decidi me concentrar apenas no presente. Consegui só em parte, pois ainda sentia os efeitos daquilo que havia me derrubado na Argentina e, sobretudo, me perguntava se algum dia iria superar aquilo. Encontrei um único caminho para ir além da insegurança: o treino. Passei a treinar praticamente sem parar, acreditando que quanto mais eu jogasse, mais afastaria aquela sensação que não conseguia nomear. Meus dias eram preenchidos apenas por sala de musculação e bola, sala de musculação e bola, num ciclo sem fim.

Apesar disso, fomos mal nos últimos amistosos antes do Mundial. Na Alemanha perdemos duas de três partidas, não chegamos na bola. Estávamos desajeitados, pesados, sem fluidez de movimento e de pensamento. Depois de ter perdido a posição de titular para Marlon, joguei pouco e não fui bem. No terceiro e último confronto com os alemães, Marlon sentiu fortes dores no estômago e eu entrei em quadra. A Alemanha venceu e fomos para o Mundial.

>>>

Na metade de setembro, estávamos prontos para ir à Itália. Destino: Verona, a sede da nossa rodada. Pouco antes do voo, ficamos sabendo que o que Marlon tinha não era uma simples dor na barriga. O diagnóstico não deixava espaço para dúvidas: doença de Crohn. É uma doença insidiosa, cretina, que se esconde e aparece de repente. Deve ser tratada com grande cuidado.

– De toda forma, Marlon vai ao Mundial com a gente – avisou Bernardinho. – Certamente não estará disponível para as primeiras partidas, mas sua experiência vai ser muito útil mesmo assim.

A mensagem foi bem clara: eu seria o único levantador do grupo nos primeiros jogos.

Aquilo me assustou, mas ao mesmo tempo me encheu de energia. Eu me vi diante de uma montanha que deveria escalar no momento mais delicado da minha carreira.

Bruno, você está aqui, agora. Sim, está passando por uma fase difícil, mas essa é sua grande chance, só há uma coisa a fazer: dar tudo de si, usar o coração para superar os obstáculos. Você deve isso a si mesmo, a quem acreditou em você, ao grupo.

De início pegamos a Tunísia e a Espanha, de quem ganhamos com facilidade. Mas na terceira rodada da primeira fase a competição começou de verdade, ao enfrentarmos a seleção de Cuba. Time extremamente forte, tinha Hernández e Leal, além da estrela nascente do vôlei mundial, Leon, de 17 anos, e daquele "monstro" que atende pelo nome de Simón. (Por questões políticas, essa seleção foi obrigada a se desfazer junto com a federação cubana, que, sob pressão do governo, começou a proibir a participação de atletas que atuavam nos campeonatos estrangeiros. Assim, um após o outro, todos foram excluídos da seleção. Às vezes a política consegue estragar aquilo que o esporte cria de maravilhoso. Uma grande pena.)

A partida entre nós e Cuba foi fantástica, duas horas e 21 minutos de puro espetáculo, sem jogadas perdidas. O primeiro set terminou em impressionantes 34 a 32 e, no fim, cada equipe fez 115 pontos. Eles venceram no tie-break, com o público nos

aplaudindo de pé. Foi justamente durante aquele longo aplauso que me dei conta de que estava reencontrando minhas certezas.
Será que eu só preciso jogar, jogar e jogar mais ainda?
A derrota para Cuba foi indolor, os dois times passaram para a fase seguinte. A Polônia e a Bulgária nos esperavam. Jogamos muito bem contra a Polônia, vencendo por 3 a 0. A Bulgária também a venceu. A última partida, em 2 de outubro, não seria um jogo como todos os outros.

A estrutura do Mundial é muito confusa. Tanto o Brasil quanto a Bulgária já estavam classificados para a próxima fase, já que ambos haviam derrotado a Polônia. Mas vencer ou perder faria grande diferença. Afinal, quem vencesse enfrentaria Cuba e Espanha, e quem perdesse pegaria Alemanha e República Tcheca. Na etapa seguinte, somente um time se classificaria para as semifinais. De um lado estava uma das melhores equipes do mundo, a única para a qual havíamos perdido nesse campeonato; do outro, dois times bons, mas não imbatíveis.

No dia anterior ao jogo, os jornalistas começaram a comentar o assunto. A partida virou um evento midiático e em todos os lugares ouviam-se frases como:

"Vão competir para ver quem faz menos pontos..."

"Eles estão em um Campeonato Mundial, ninguém vai ter coragem de jogar para perder."

"Os dois times vão disputar quem perde primeiro."

Em resumo, o clima não era dos melhores. Nas competições internacionais, as equipes da mesma rodada se hospedam no mesmo hotel, se encontram, conversam um pouco. Na véspera dessa partida tão complicada, um jogador do time adversário disse com todas as letras, com um meio sorriso que não deixava dúvidas:

– Não temos a menor intenção de vencer.

Às vezes no esporte deparamos com situações difíceis de

administrar. Se ganhássemos, encontraríamos a adversária mais forte de todas; se perdêssemos, o caminho seria claramente mais fácil. Conversamos todos juntos, como se faz em família. A decisão foi sofrida: jogaríamos para vencer, depois pensaríamos em como enfrentar Cuba e em todo o resto que viria a seguir.

Foi o destino que se encarregou de eliminar as dúvidas – e havia muitas – do caminho.

Acordei na manhã seguinte com mais de 38ºC de febre. E como Marlon ainda não estava em condições de jogar, eu continuava sendo o único levantador do time. Fazia sentido me arriscar em uma partida não decisiva dois dias antes da próxima rodada? Não. Eu jogaria se essa mesma partida fosse eliminatória? Com certeza.

Minha indisposição mudou os planos. As formações em quadra já diziam tudo. Théo, o segundo oposto, que tinha jogado como levantador apenas nos juvenis, assumiu esse papel. Junto comigo, no banco, estavam Lucão e Murilo. A Bulgária adotou a mesma estratégia: em quadra havia apenas um titular: o central Nikolay Nikolov. Todos os outros astros, de Kaziyski a Vladimir Nikolov, assistiam à partida do banco. O confronto se desenrolou em uma atmosfera surreal, com o público do PalaRossini vaiando desde as primeiras bolas. Em determinado momento, os espectadores chegaram a virar as costas para a quadra. Não foi um espetáculo bonito, tanto nós quanto nossos adversários sabíamos disso. Eles venceram por 3 a 0 e, por sorte, tudo aconteceu muito rapidamente. A expressão no rosto de Bernardinho, o boné de Giba enterrado até os olhos na entrevista coletiva e as declarações sofridas deles são uma página da nossa história que nenhum de nós faria questão de escrever.

Assim, passamos em segundo para o grupo com a República Tcheca e a Alemanha, com os olhos do mundo em cima de nós e uma pressão que eu nunca havia sentido antes. Após o jogo com a Bulgária, tivemos que reconquistar a confiança de todos os apaixonados por vôlei. Eu já estava recuperado e joguei a partida inteira contra os tchecos. Foi outro jogo duríssimo, decidido no tie-break. Rodrigão no centro pôs no chão uma infinidade de bolas e, no fim, levamos a vitória para casa depois de uma batalha de duas horas.

Depois a Alemanha venceu a República Tcheca por 3 a 0, e com isso a partida entre nós e os alemães se tornava decisiva para chegarmos à semifinal.

Tínhamos perdido os amistosos contra a Alemanha de Grozer e companhia. Bernardinho estava bastante preocupado. Percebi seu nervosismo na maneira como conversava com a gente; ele nos incentivava, mas via nossa segurança e tinha medo de que não estivéssemos levando a partida muito a sério. Não era isso. A serenidade do time nascia da consciência de nossas habilidades e de todo o trabalho duro que nos fez chegar até ali.

Enquanto isso, fui conseguindo aos poucos afastar a ansiedade, tentando pensar apenas na quadra, e deu certo. Durante o Mundial conversei sobre isso com Murilo, Sidão e Giba, minhas maiores referências dentro e fora de quadra.

– Finalmente me sinto eu mesmo – comentei depois do treino que precedia o jogo com a Alemanha.

– Bruno, ninguém duvidava que você voltaria logo ao seu nível – respondeu Murilo, com aqueles olhos que enxergam dentro da gente.

Fiquei muito grato por aquele comentário. As palavras dele foram um importante atestado de carinho por parte de um jogador que fez a história da nossa seleção.

Ganhamos da Alemanha em menos de uma hora e vinte minutos, o que no vôlei significa que há um time que faz e outro que leva. Nós fomos o time que fez.

Depois da partida celebramos pouco, pois sabíamos que os embates realmente importantes viriam em seguida. De um lado da chave a Sérvia enfrentaria Cuba na semifinal. Do outro, éramos nós contra a Itália. Quem vencesse jogaria pelo título; quem perdesse deveria se contentar com a disputa pelo terceiro lugar. Os *Azzurri* nunca foram um adversário fácil, e enfrentá-los na casa deles em um Mundial seria uma tarefa bem complicada. Brasil x Itália era um confronto muito aguardado.

Na noite do jogo, o PalaLottomatica de Roma estava lotado. Nós nos enfileiramos no meio da quadra para os hinos nacionais. Quando o hino italiano começou, os 11 mil espectadores da arena cantaram juntos, ritmando as estrofes com as palmas. Foi de arrepiar. Sei que não deveria, mas não resisti e olhei para as arquibancadas.

Eles são muitos, e como estão empolgados!

A atmosfera me lembrou a de Belgrado, onde jogamos a final da Liga Mundial. Tentei focar nessa lembrança, trazendo à mente as sensações daquele dia e afastando os momentos ruins que vivi na Argentina. Na concentração, vi nos olhos dos meus companheiros o desejo de destruir na partida.

Jogamos um primeiro set técnica e taticamente perfeito, ganhamos por 25 a 15 e demos uma prova de força assustadora. Embora a segunda parcial tenha sido um pouco mais equilibrada, o ritmo não mudou: fomos decididos e implacáveis. Mas então, para mim, a partida deu uma guinada imprevisível. Após um ataque, Murilo caiu em cima do meu tornozelo direito. Na hora não senti dor, mas logo depois compreendi que havia acontecido um problema sério. Ao tentar dar um passo à frente, senti uma fisgada começar no pé e irradiar até o joelho.

Merda!

Vi Bernardinho balançando a cabeça. Pedi para ser substituído. No meu lugar entrou Marlon, que tinha voltado justamente a tempo dos jogos decisivos. Álvaro Chamecki, o médico da seleção, enfaixou meu tornozelo e me deu anti-inflamatórios, mas eu não estava prestando atenção: meu olhar estava fixo no que acontecia em quadra. Placar: 25 a 22. Ganhamos o segundo set também.

Depois da mudança de lado, Bernardinho foi falar comigo.

– Como está o pé?

– Não sei – respondi, sincero.

– Você acha que dá para voltar ao jogo?

– Sim.

Era uma semifinal de Mundial. O que mais eu poderia responder?

Cerrei os dentes, mas a verdade é que não dava para voltar. Consegui fazer apenas uma substituição dupla e acompanhei o resto da partida do banco, com o tornozelo inchado e Álvaro ao meu lado.

Perdemos o terceiro set, com uma Itália que parecia crescer, mas no quarto acabou a história: superamos os *Azzurri* por 25 a 17.

Quando o juiz apitou, levantei num pulo, apesar da dor, corri para a quadra e abracei meus companheiros. Estávamos na final, aquela que poderia valer o terceiro título mundial consecutivo para o Brasil. E o primeiro para mim.

Sim, mas vou conseguir jogar?

Faltavam apenas 24 horas para a partida decisiva – na qual reencontraríamos Cuba, que havia superado a Sérvia no tie-break –, e meu tornozelo estava tão inchado que tive dificuldade até de colocar o tênis. Mas eu queria ajudar meu time naquela partida tão importante, e sabia com quem deveria falar para tentar fazer o impossível.

– O que podemos fazer com esse tornozelo, Fiapo?

Fiapo, na verdade, se chama Guilherme Tenius e é nosso fisioterapeuta.

– Podemos alternar tratamentos e gelo – disse ele. – E depois mais gelo e mais tratamentos.

– Então vamos lá.

– Bruno, poderíamos fazer isso a noite inteira. Mas mesmo que no fim das contas você consiga jogar, corre o risco de estar tão cansado a ponto de não ficar de pé...

Sorri para ele.

– E quem consegue dormir antes de uma final do Mundial? Fiquei com ele até as quatro da madrugada, de manhã não fui treinar e me entupi de analgésicos para aliviar a dor. Fiz tudo que era possível. Naquelas horas frenéticas, eu só pensava no jogo. Meus companheiros também. Falamos pouco, cada um buscando enfrentar a tensão sozinho. Mas de uma coisa temos certeza: quando o jogo é importante, nós damos conta. O Brasil dá conta. Fazia dez anos que vínhamos demonstrando isso.

Na noite da finalíssima, quando entrei no PalaLottomatica, nem me aproximei da quadra e fui direto ao posto da enfermaria. Embora ainda sentisse muita dor, minha cabeça estava focada no objetivo, que era entrar em quadra.

– Faça um teste com a bola – disse o médico, após o fim do último ciclo de tratamentos.

Segui sua orientação e fui até meus companheiros para o aquecimento pré-partida. Já no primeiro passe senti o tornozelo pulsar. Uma dor desgraçada. Estava nervoso, suando, o coração acelerado. Saí da quadra e voltei para o vestiário. Ao encontrar o médico, nem lhe dou tempo de abrir a boca.

– Álvaro, me dê algo e me faça jogar – implorei, apontando para sua bolsa de remédios. – Quero a coisa mais forte que você tiver aí dentro.

Ele me olhou, revirou seu arsenal e por fim pegou uma embalagem de analgésico.

– Tome este.

Enfiei o remédio na boca e o deixei dissolver debaixo da língua. Eu queria jogar. Queria jogar de qualquer jeito. E queria ganhar. Começamos o aquecimento, tentei dar alguns pulinhos.

Tudo bem.
Uma disparada, um salto em bloqueio, outra disparada.
Não sinto dor.
Naquele momento, Rubinho, principal assistente técnico de Bernardinho, me chamou de longe. Ele estava prestes a preencher o relatório com a formação titular.

– Bruno, você está bem?

– Tudo bem, tudo bem – respondi, esboçando um sorriso.

E ele me pôs na formação como o levantador titular da final do Campeonato Mundial de 2010. Tão rápido quanto havia chegado, a dor desapareceu dos meus pensamentos. Ela existia, com certeza, mas eu não a sentia mais. Nossa cabeça tem um poder enorme, até mesmo sobre o físico. A mente é capaz de fazer coisas incríveis. Eu me concentrei tanto na partida que mal me lembrava do meu tornozelo. Às 21h15 de um dia que se prenunciava extraordinário já pela data (10/10/10), o juiz apitou o início do jogo.

O público italiano, provavelmente decepcionado com a semifinal do dia anterior, torceu por Cuba. Não fazia diferença: a seleção caribenha era irrefutavelmente forte, mas nós sabíamos o que fazer. Precisávamos começar cheios de energia e errar pouco. Falar é fácil, fazer é mais difícil, mas tínhamos convicção de nossas habilidades. Queríamos apagar o péssimo episódio com a Bulgária e igualar o recorde da Itália de três Mundiais consecutivos – e queríamos fazer isso na casa deles.

Os jogadores cubanos tentaram de tudo, mas não adiantou. Vencemos com tranquilidade. Fizemos 25 a 22 no primeiro set e massacramos no segundo, 25 a 14. O terceiro foi disputado ponto a ponto: quando estava 24 a 22 para nós, levantei uma bola perfeita para Vissotto. E ele, como sempre, não perdoou. Aqueles 80 minutos nos levaram direto para a história.

Tricampeões do mundo!

Enlouqueci de alegria. Os instantes que se seguiram àquela ultimíssima bola no chão foram incríveis. Quantos batimentos meu coração fazia por minuto eu não sei, naquele momento pareciam infinitos. Corri em direção à cadeira do árbitro e, no entusiasmo, quase o derrubei. Ele foi obrigado a me abraçar para não cair. Eu estava totalmente fora de mim, gritando e erguendo os braços para a torcida brasileira, nossos grandes apoiadores.

Só mais tarde, quando subimos no pódio, me dei conta do que tinha acontecido: ganhei um Mundial, como titular, sem ser substituído em grande parte do torneio. Em meio a uma chuva de confetes verdes e amarelos, olhei para cima e vi as bandeiras das seleções finalistas sendo hasteadas. Foi muito emocionante. No fim das comemorações, fiz um balanço daquele Mundial incrível e me voltaram à cabeça todas as minhas inseguranças. A crise na Argentina, as conversas com meus companheiros, os jogos a que assisti do banco, as dúvidas no início da competição. Lembro a ansiedade que me atormentava e que afastei concentrando-me no trabalho.

Daquela vez corri mais rápido que ela.
Será que eu saberia fazer isso de novo?

4
MODENA, UM CASO DE AMOR

O amor chega quando menos se espera. Ele nos arrebata, escancara nosso coração e nos proporciona emoções nunca sentidas. Às vezes nos captura num piscar de olhos para, depois, penetrar nas veias dia após dia, gota a gota. Aconteceu isso comigo. Em apenas 40 dias.

Depois da vitória no Mundial de 2010, voltei ao Brasil e joguei minha sexta temporada seguida com a camisa da Cimed Florianópolis. Fechamos a temporada regular em segundo lugar, atrás do Sesi, após várias derrotas na parte final da fase classificatória. Minhas condições físicas não estavam boas, machuquei de novo o tornozelo que havia posto em risco minha presença na final do Mundial e retornei às quadras a poucos dias do início dos play-offs.

No chaveamento não tivemos sorte: encontramos o Vôlei Futuro, que chegou em sétimo na temporada regular, mas que contava com campeões do calibre de Vissotto, Lucão e Ricardinho. Perdemos o jogo 1 por 3 a 1, em casa. Se não quiséssemos ser eliminados de imediato, precisávamos vencer o jogo seguinte, na casa deles.

Justamente naquele momento delicado, um telefonema mudou

o meu destino. Estávamos viajando para Araçatuba, para o decisivo jogo 2, quando ouvi meu celular tocar. Olhei a tela: era Douglas, meu agente.

– Como você está, Bruno? – perguntou ele, para quebrar o gelo.

– Estou concentrado, quero reabrir a série.

– Sei que não é o melhor momento, mas... – continuou ele – queria falar com você sobre uma proposta que chegou a mim esses dias.

– É verdade, não é mesmo o melhor momento – respondi, tentando encerrar logo a conversa. Não queria pensar em nada além da partida.

– Eu sei, você tem razão... – Douglas hesitou, mas não parecia ter intenção de desistir. – É que tem um time na Itália que está chamando você para jogar os play-offs...

– Na Itália? – perguntei, espantado.

– O Modena. Esko, o levantador deles, se machucou e eles têm poucos dias para achar um substituto.

Meu agente sabia que aquela era uma grande oportunidade para mim – o campeonato italiano de vôlei é um dos mais prestigiosos e competitivos do mundo –, por isso, insistiu e decidiu me explicar o cenário. O Modena não queria estar nos play-offs que começariam dali a pouco com um único levantador e estava sondando o mercado em busca de outro. Pelo que entendi, havia dois nomes na disputa: o meu e o de Rodriguinho. Assim como eu, ele também estava ocupado com as quartas do campeonato brasileiro (com o Montes Claros) e também corria o risco de ser eliminado.

– Não importa – respondi, decidido. – Agora não quero pensar em nada que não seja a partida de amanhã.

No dia seguinte entramos em quadra contra o Vôlei Futuro, mas as coisas não correram como esperávamos. Nossa derrota foi incontestável, e meu tornozelo ainda não estava totalmente recuperado. Em resumo, minha temporada no Brasil parecia estar no fim da linha: pela primeira vez desde que comecei a jogar em Florianópolis, não cheguei à final.

Então Douglas voltou ao ataque:
– Bruno, temos poucas horas para decidir – ele me disse em outro telefonema. – Você pensou na possibilidade de se transferir para o Modena?

A pergunta foi categórica. O tempo estava apertado. O clube devia inscrever o novo jogador até a última partida da temporada regular na Itália, na semana seguinte.

– Tenho que pensar – respondi.
– Não temos tempo. Precisamos dar uma resposta amanhã. É sim ou não. – E a ligação terminou assim, deixando-me com uma dúvida que precisava resolver em 24 horas.

Eu ainda tinha mais um ano de contrato com a Cimed Florianópolis. Com certeza o clube permitiria que eu me transferisse por um mês ou dois para o Modena, desde que garantisse que voltaria ao Brasil a tempo do início da temporada 2011-2012. Por esse ponto de vista a operação era viável. Eu é que não sabia o que escolher.

Resolvi discutir a situação com Marcos Pacheco, meu treinador em Florianópolis naquela época. Ele era um homem franco, talvez até demais, e me conhecia bem. Achei que poderia me ajudar a decidir.

Sua opinião foi firme:
– Bruno, acho que ir para a Itália agora não é uma boa ideia.
– Por quê? – perguntei, um pouco surpreso.
– Você não está na sua melhor forma física, ainda não se recuperou 100% do problema no tornozelo. Se errar em um campeonato tão importante, corre o risco de se queimar. Seria mais prudente esperar um momento melhor.

Mas seu discurso não me convenceu. Realmente eu não estava na minha melhor forma, mas uma chance como aquela poderia demorar para surgir de novo. Poderia até nunca se repetir. Então decidi conversar com dois companheiros de seleção que, no passado, jogaram no Modena: Sidão e Murilo. Como sempre confiei neles na quadra, escolhi fazê-lo também sobre um assunto que poderia mudar minha vida.

– Vai, tente. É uma grande oportunidade – encorajou Sidão.

As palavras que mais me surpreenderam, no entanto, foram as de Murilo:

– Pode aceitar de olhos fechados e ir tranquilo. Você vai se apaixonar por Modena no primeiro jogo e não vai mais querer voltar ao Brasil. Quando retornar para casa vai ter vontade de correr para lá de novo.

As poucas dúvidas que restaram depois de ter falado com eles se desfizeram quando descobri que eu teria um grande treinador: Daniele Bagnoli, um mito do vôlei mundial. Eu o tinha conhecido brevemente em 2007, quando ele passou uns dias com a gente em Saquarema. Bagnoli ganhou muitas competições, tanto no Modena quanto no Treviso, e deixou uma ótima recordação em todos os meus companheiros de seleção que treinou, como Gustavo.

Quando Bruno Da Re, diretor esportivo do clube italiano, me ligou, eu não tinha mais dúvidas.

– Decidi, estou pronto. Vou para o Modena.

> > >

Menos de um ano após meu primeiro título mundial, pisei de novo na Itália, o país onde passei minha infância e onde, pela primeira vez, toquei numa bola de vôlei. Talvez fosse mesmo destino.

Logo percebi que tinha chegado a um clube e a uma cidade especiais. Poucas horas depois da minha aterrissagem, fui recebido por jornalistas e fotógrafos que me esperavam em frente ao hotel onde ficaria hospedado. No dia seguinte, entrei em um bar para tomar café da manhã e meu olhar recaiu sobre o jornal local: havia uma fotografia minha e uma grande matéria falando sobre a minha chegada. Atrás de mim, alguns idosos bebiam café e conversavam sobre esporte. Fiquei escutando. Então entendi que em Modena se fala de futebol, como no mundo todo, mas que, antes de tudo, se fala de vôlei. Nunca tinha visto isso em nenhum outro lugar. Ali, o vôlei é quase uma religião.

Naquela mesma noite Bagnoli me levou para jantar. Queria me conhecer, me ajudar a entrar na nova realidade o quanto antes. Ele falava, eu escutava. Enquanto isso, pedi ao garçom antepasto, primeiro prato, segundo prato, sobremesa.

Bagnoli me olhou perplexo:

– Bruno, você come sempre assim?

– Não, fique tranquilo – respondi, sorrindo. – Só estou descarregando à mesa a tensão e a emoção de estar aqui.

Bagnoli é um personagem incrível. Ele pode ficar em silêncio por longos minutos, mas parece enxergar dentro da gente. Quando começa a falar, faz isso em voz baixa e sem desviar o olhar nem por um milésimo de segundo. Naquela noite ele me contou de seu projeto esportivo, mas também encontramos espaço para conversar sobre o que gostamos e não gostamos na vida.

No dia seguinte, entrei no PalaPanini, voltando à arena que quase vinte anos antes tinha sido palco da minha primeira lembrança de um triunfo no vôlei: a conquista da Copa Itália vencida por meus pais com o Perugia. Pelos corredores descobri fotos históricas, incríveis – lá estavam todas as vitórias da equipe, de 1966 até então. Havia a foto de Peppino Panini com os pioneiros que fundaram o clube; Bernard, o primeiro brasileiro a jogar no Modena; havia Maurício e Van de Goor e tantos outros. No Brasil, os clubes têm uma história relativamente recente; na Itália, ao contrário, há estandartes de todos os troféus vencidos ao longo de meio século. Respirei fundo, absorvendo a história a plenos pulmões e começando a pensar no que significava fazer parte daquilo tudo. O PalaPanini não é uma arena, é um templo.

Quando enfim fui conhecer meus companheiros, me dei conta de que, pela primeira vez na carreira, era eu o "estrangeiro". E isso em um grupo tão diverso em seus integrantes quanto especial em seu modo de estar junto. Dennis era o campeão ítalo-cubano em torno do qual o time foi construído, que mais tarde jogaria no Brasil. Os três centrais eram o compridíssimo holandês Kooistra, o desordeiro Creus e o italiano Piscopo, um doido descontrolado (no sentido mais afetuoso do termo). Um dos ponteiros era Berezko, que não falava nada de italiano, mas com quem criei imediatamente um entrosamento único. O líbero era Manià, o segundo levantador era Fabroni e o oposto reserva, Casadei, uma pessoa esplêndida que eu reencontraria mais tarde.

Em 3 de abril fiz minha estreia no campeonato italiano, no PalaPanini. Era a última partida da temporada regular e o confronto valia pouco. Disputamos com o Monza o quarto e o quinto lugares no ranking. Perdemos por 3 a 1 e acabamos em quinto. Não fazia diferença. Os play-offs começariam pouco depois: de novo Monza x Modena, melhor de cinco, e dessa vez o resultado contaria muito.

A série contra o time da Lombardia me permitiu crescer como jogador. Após termos perdido o primeiro jogo por 3 a 1 e vencido o segundo por 3 a 0, fomos derrotados no tie-break no jogo 3. Um dos momentos decisivos da disputa foi quando lancei uma *pipe*, levantando a bola para um atacante vindo de trás da linha dos três metros. Estávamos disputando ponto a ponto e, em vez de ir na bola de segurança com Dennis, tentei surpreender o Monza com uma jogada inesperada (e também mais complicada). O plano falhou.

De noite, na estrada da volta, paramos em um restaurante de posto de gasolina. Bagnoli aproveitou essa pausa para conversar comigo. Diante do ônibus, um de frente para o outro, ele me pediu explicações.

– Aquela *pipe*... – começou ele, com tranquilidade. – Por que em um momento decisivo do tie-break você escolheu esse ataque?

– Eu achei que seria imprevisível.

Ele balançou a cabeça, mas o fez levemente, sem julgamentos.

– Veja, Bruno, em jogos como esse, a essa altura da temporada, o seu desejo de usar a imprevisibilidade tem que dialogar com a eficácia. Você tem que buscar a máxima eficácia.

Ser o levantador de um time não é simples. Devemos fazer escolhas decisivas e temos pouco tempo para isso. No meu papel, é fundamental conhecer bem quem está ao meu lado e o que cada um pode fazer nos momentos mais importantes da partida. Enquanto conversava com Bagnoli, compreendi que o papel do levantador é, de longe, o mais difícil. Há um componente cerebral que se une ao componente técnico, mas não é apenas isso: um levantador deve, acima de tudo, ser capaz de interpretar o momento. Precisamos o tempo todo saber a pontuação, os esquemas adversários, as posições dos companheiros, suas fraquezas, o momento deles em quadra. São muitas as variáveis que temos que levar em conta em apenas um segundo, às vezes menos.

De todo modo, aprendi a lição. Nas últimas duas partidas não inventei muito: fizemos um duplo 3 a 0 e passamos para a semifinal.

Nosso desafio seguinte seria o Trento.

O Trentino Volley era o time mais forte do campeonato e chegou à série contra nós com apenas uma derrota, somando temporada regular e play-offs. No ano anterior, havia conquistado a Copa Itália, a Champions League e o Mundial de Clubes. A equipe titular era de um nível extraordinário: Raphael no levantamento, Kaziyski e Juantorena como ponteiros, entre outros. Já nós não estávamos em nosso momento de maior esplendor: o prognóstico parecia muito ruim. E, de fato, perdemos o jogo 1. As chances de terminarmos a série com um seco 3 a 0 eram altas.

Antes do início do jogo 2, Bagnoli tentou achar as palavras certas para nos convencer do contrário:

– Pessoal, realmente as possibilidades de chegar à final são poucas – ele nos disse. – Mas elas existem.

Os jogadores trocaram olhares perplexos. A princípio, a fala dele tinha todo o jeito do clássico discurso motivacional de quem sabe que não temos chance. Mas, à medida que o treinador nos explicava seu raciocínio, crescia em nós a convicção de que o grande feito seria possível.

– Se conseguirmos rodar rápido quando Kaziyski e Juantorena estiverem no saque, teremos boa chance. – A análise do nosso treinador era muito lúcida.

Se as palavras de Bagnoli não foram suficientes para nos convencer, a energia do público foi. Eu já tinha ouvido falar do calor e da empolgação dos torcedores do Modena, mas naquela partida senti na pele. O PalaPanini estava lotado. As pessoas nos incentivavam, e nós voamos. A arena toda amarela exaltava um time corajoso; assim, vencemos os dois primeiros sets por 25 a 21 e 25 a 23. A torcida foi ao delírio quando, no início do terceiro set, Dennis pôs o Trento contra a parede: foi ao saque no 2 a 2 e enterrou sete aces, forçou um erro do adversário e produziu dois ataques, dos quais um ele mesmo finalizou. Vencemos o set por 25 a 8.

Uma lavada.

No jogo 3, na casa deles, perdemos chances demais no primeiro set (que terminou em 31 a 29 para o Trento) e perdemos de novo por 3 a 0. Voltamos para Modena para um jogo no meio da semana.

Enquanto nos vestíamos para entrar em quadra, podíamos ouvir a arena encher, bufar, ofegar, como um touro pronto para o confronto.

As indicações táticas de Bagnoli foram simples e precisas. A mim ele deu uma única diretriz:

– Quando levantar a bola dentro dos três metros, você pode abusar da criatividade. Se a bola se afastar demais da rede, não invente. Dennis está lá, ele passa pelo bloqueio.

Vencemos de novo, dessa vez por 3 a 1, e levamos a série para o jogo decisivo. A partida estava empatada em 1 set a 1, com o Modena à frente por três pontos no terceiro set. Nesse momento, vi Dennis curvar as costas e esticar o braço para tocar a perna. A careta em seu rosto deixou claro que alguma coisa acontecera. Pouco depois ele ergueu a mão e pediu para ser substituído. Sem o nosso pontuador, que sofreu uma lesão e não pôde voltar à quadra, perdemos força e o Trento fechou a série.

Fomos eliminados, mas estávamos conscientes de termos dado tudo. As lágrimas que derramei ao fim do confronto eram de raiva pela derrota, mas também de emoção por saber que encontrei um lugar especial. Eu tinha chegado à Itália sem muitas expectativas, ainda decepcionado pelo resultado dos play-offs no Brasil, o que me consumia por dentro. Ao ir para Modena, porém, entendi que é normal passarmos por momentos negativos e frustrações, mas que outras portas podem se abrir e proporcionar experiências novas e empolgantes.

Poucos dias depois, o clube me ofereceu a possibilidade de ficar na Itália na temporada seguinte também. A oferta me deixou lisonjeado, mas eu não podia aceitar, pois não podia trair os compromissos assumidos no Brasil. Ainda tinha mais um ano de contrato com a Cimed Floripa e não pretendia considerar qualquer outra hipótese. O que aconteceria depois eu não sabia.

O fato é que no Modena descobri o carinho dos torcedores,

o amor das pessoas: todos gostaram do espírito com o qual enfrentei minha aventura italiana, quando dei a alma para a equipe amarela e azul. Juntos colocamos de pé um sonho que, infelizmente, não se realizou (pelo menos naquele ano), mas foi espetacular sonhar junto com aquela torcida.

Minha primeira partida na Itália tinha acontecido em 2 de abril; em 8 de maio fomos eliminados na semifinal; em 11 de maio voltei ao Brasil. Foram apenas 40 dias, mas muito intensos, que me transformaram profundamente. No Modena me senti em casa, amado pelo que sou e por quem sou. Ali eu não era o filho do Bernardinho. Ninguém me chamava de Bruninho.

Ali eu era eu mesmo, Bruno.

5
A CICATRIZ

2011, ano pré-olímpico. Isso significa que todos os atletas que jogam em uma seleção nacional de primeiro nível estão comprometidos por uma longuíssima e desgastante temporada, que dura cinco meses e termina em novembro. É massacrante, mas aparentemente, a FIVB, a federação internacional de vôlei, não vê problemas nisso. Somos pressionados como atletas e como pessoas.

Foi nessa época que Giba, nosso capitão, arrumou uma fratura feia na tíbia, por estresse, que o deixaria fora das quadras até o ano seguinte. Além dele, outros dois eixos da seleção se machucaram: Murilo e Dante, os dois ponteiros titulares. Estávamos exaustos.

Todos nós, jogadores da seleção, estávamos focados na Olimpíada de Londres. Diferentemente de outros esportes em equipe, no vôlei não existe nada mais importante do que uma Olimpíada. É o sonho e o objetivo de qualquer jogador.

A Liga Mundial de 2012 foi o nosso treino. Jogamos partidas pouco convincentes e dependemos do resultado da última rodada para garantir vaga na fase final. A Rússia – uma das grandes favoritas – nem sequer chegou a essa fase. "Está bom assim", devem ter pensado Muserskiy e seus companheiros.

"Não precisamos forçar mais, o objetivo é outro." Eles miravam apenas a Olimpíada, como nós.

Nessa fase, Ricardinho voltou ao grupo, anos após seu conturbado corte da seleção em 2007. Ele é um jogador extraordinário, sua história e sua enorme coleção de títulos demonstram isso. Para mim era um grande orgulho dividir a posição de levantador com ele e aproveitar sua enorme experiência para evoluir. Trabalhamos bem juntos.

Por outro lado, Dante ainda estava com o joelho lesionado e o ombro de Murilo não havia voltado a girar como deveria. Resultado: jogamos mal, perdendo tanto para Cuba quanto para a Polônia, e fomos eliminados. Mas nós nos conhecíamos bem, sabíamos que éramos capazes de ir além, de superar as derrotas, as pressões, as polêmicas.

>>>

Todas as partidas de vôlei da Olimpíada seriam jogadas no Earls Court Exhibition Centre, uma arena maravilhosa que fez a história da música mundial e se transformou em um ginásio para 14 mil torcedores apaixonados. Entre as 12 equipes a disputar o título estava a elite do vôlei mundial: além de nós, a Polônia, a Itália, os Estados Unidos... e, claro, a Rússia.

O comandante da nossa equipe era Bernardinho, naturalmente. Era sua quinta Olimpíada seguida como treinador, depois de uma como jogador. Ele sempre viveu com intensidade, garra e paixão – e nas quadras não era diferente. Nunca foi flexível em relação aos jogadores quando as grandes disputas se aproximavam. Se numa temporada os treinos começavam às 8h30 e tínhamos êxito, no ano seguinte, para que o grupo não se sentisse confortável demais, as sessões eram antecipadas em até uma hora. Há uma frase que ele ama repetir: "Aos campeões, o desconforto."

A tradução é simples: se os jogadores aceitam tudo isso e são capazes de se sacrificar, então podem conseguir algo importante.

A equipe titular era mais ou menos a mesma que tinha ido ao Mundial da Itália: eu e Vissotto como levantador e oposto, Murilo e Dante como pontas, Sidão e Lucão no centro. Prontos para a substituição tínhamos campeões extraordinários como Giba, Ricardinho e Rodrigão, que ganharam o ouro nos Jogos Olímpicos de Atenas 2004 e estavam prontos para nos guiar com sua experiência.

Do grupo do Mundial, Sérgio estava de volta, e isso, para mim, era um fator realmente importante: ele era não só o maior líbero do mundo, mas também alguém com um sorriso e uma energia positiva que inspiravam a equipe, era o sol que nos ajudava a estar sempre unidos. Para mim, além disso tudo, ele é como um irmão mais velho.

A nossa participação na Olimpíada começou em 29 de julho contra a Tunísia. Vencemos a partida em 1h21: um 3 a 0 indiscutível.

Dois dias depois, pegamos a Rússia de Tetyukhin e Muserskiy. Os russos eram enormes, no sentido literal da palavra: raramente vi um time tão imponente. São assustadores quando sobem para o bloqueio e abrem suas "asas". Mas nós não erramos nada: outro 3 a 0, de novo em menos de 1h30 de jogo. Com essa partida anunciamos ao mundo que estávamos vivos, e fizemos isso em voz alta.

No terceiro confronto da rodada, no entanto, encaramos os Estados Unidos, nosso pesadelo de Pequim, e eles continuaram a fazer jus ao papel de carrascos. Ganhamos bem o primeiro set, mas perdemos os três seguintes e, consequentemente, a partida. Tivemos dois dias para respirar fundo e voltar à quadra. A qualificação à fase com eliminação direta não estava em discussão, já que passam as primeiras quatro equipes de ambas as rodadas, mas era importante chegar o mais alto possível na chave para evitar cruzamentos mais complicados já nas quartas de final.

Fizemos nosso dever. Mesmo com dificuldade, levamos para casa um ótimo 3 a 2 contra a Sérvia, além de um belo 3 a 0 no último embate contra a Alemanha, e nos classificamos em segundo lugar.

Então chegou a hora do sorteio para as quartas de final: o novo regulamento determinava a urna para todas as equipes que ficaram em segundo e em terceiro lugar nas respectivas chaves.

– Vamos torcer para pegar a Argentina! – falamos no hall do hotel, acreditando que, de todas as seleções, aquela era a menos experiente, um time muito jovem.

E aconteceu exatamente isso, pegamos a Argentina. Nós nos olhamos nos olhos e não precisamos falar nada. Nosso único desejo era derrotar a equipe azul e branca de novo.

Estávamos empolgadíssimos, mas, por outro lado, sabíamos que não havia espaço para erros. A partir daquele momento, qualquer erro custaria a nossa eliminação.

Começamos bem, muito bem, e transformamos rapidamente o jogo em um massacre. Mas, logo no início, vi algo que nunca gostaria de ter visto: Leandro Vissotto com uma expressão de dor no rosto, os dentes cerrados. Ele tocou a coxa direita, tentou pular, não conseguiu. Então levantou a mão e fez um sinal para Bernardinho, que se virou para o banco e mandou Wallace entrar em quadra com um gesto apressado.

Com a vitória sobre a Argentina em menos de 1h20, conquistamos a vaga para a semifinal. Mas no fim do jogo descobrimos o que aconteceu com Vissotto: ruptura no músculo adutor da coxa direita. Em outras palavras, tinha acabado a Olimpíada para ele.

Vissotto é o oposto com o qual ganhei o Mundial, o jogador que conhecia e desafiava desde que dei os primeiros passos nas categorias juvenis. Com ele eu já tinha um entrosamento importante. Seu substituto pelo resto do torneio foi Wallace, que é quatro anos mais novo que ele e com quem eu ainda não tinha uma boa sintonia. A partir de então e até o final da Olimpíada ele seria o oposto, o pontuador. Wallace Leandro de Souza passou a ser minha referência atrás, a peça de artilharia que se alterna aos ponteiros e centrais. Com a saída de Vissotto, também perdemos a chance de fazer a substituição dupla levantador-oposto. Uma carta tática a menos a ser usada. Uma desvantagem para nós, uma vantagem para os outros.

Logo que terminou nossa partida contra a Argentina, começou o confronto entre EUA e Itália. Assistimos à disputa com grande interesse: dois dias depois enfrentaríamos o time vencedor na semifinal. O prognóstico apontava para os EUA, afinal, de um lado estavam os campeões olímpicos e, de outro, um time que passou da primeira fase por um triz.

"Vamos jogar pela milésima vez contra os EUA."
"Dessa vez temos que derrotá-los!"
"Não vai ser fácil."
"Vamos dar nosso melhor..."

Comentários como esses circulavam entre nós, jogadores, enquanto o jogo rolava na quadra.

A quadra, no entanto, demonstrava algo diferente em relação ao prognóstico. A Itália do técnico Berruto estava exibindo um desempenho suntuoso e acabou vencendo os americanos por 3 a 0, destruindo no saque.

Chegamos à semifinal como grandes favoritos. Mas precisávamos enfrentar um time que demonstrou ser uma temível zebra. A arma principal da Itália estava no saque com o braço solto. De Savani a Zaytsev, de Fei a Mastrangelo e Parodi, todos batiam forte.

Mas havíamos vencido esse mesmo time pouco tempo antes, no Mundial, e, como costuma acontecer no esporte, quando você vence uma equipe uma vez, sabe que pode fazer isso de novo. E de novo. E de novo.

– Sabemos como se faz – Bernardinho nos disse antes do início do jogo. – Já os derrotamos e podemos ganhar outra vez!

> > >

Começamos a partida a toda. Meu entrosamento com o Wallace estava uma maravilha, e a linha de recepção com Sérgio, Dante e Murilo era de uma força impressionante. Nunca tinha visto três passadores daquele nível juntos.

Ganhamos o primeiro set por 25 a 21, no segundo fechamos por 25 a 12, e o terceiro vencemos por 25 a 21. Em resumo, após menos de 1h30 de jogo, tínhamos conquistado nosso segundo 3 a 0 seguido. Chegamos à final com uma prova de força coletiva. Mas para conquistar nosso verdadeiro objetivo seria preciso muito mais.

Já sabíamos quem seria nosso adversário na grande final. Poucas horas antes do nosso embate, eles derrotaram a Bulgária por 3 a 1. Enquanto jogávamos contra a Itália, eles estavam nas arquibancadas do Earls Court, concentrados, nos assistindo com atenção, estudando nossos movimentos.

Pegaríamos o time mais forte de todos. E eles também.

A final seria entre Brasil e Rússia.

> > >

É o momento mais importante da minha carreira, pensei enquanto abria os olhos e fitava o teto do meu quarto. Estava na minha cama, na vila olímpica, e em poucas horas disputaria a final dos Jogos Olímpicos. Fiquei um pouco ali, sem fazer nada, apenas visualizando o que aconteceria. O Earls Court, os 14 mil espectadores, a torcida.

O que significa ver a bandeira verde-amarela ser lentamente hasteada ao alto, cada vez mais ao alto?

Balancei a cabeça para expulsar essas imagens e focar no presente. Levantei-me pensando que quatro anos antes, em Pequim, eu tinha vivido a Olimpíada como coadjuvante. Ali, no entanto, as coisas eram bem diferentes: eu era o levantador titular e a pressão era enorme.

Antes de me juntar aos demais jogadores, me tranquei no banheiro por alguns minutos a mais que o habitual. De peito nu, com os braços esticados sobre a superfície de mármore da pia, levantei a cabeça, os olhos fixos no espelho. Me senti pronto.

Vamos nessa, Bruno, vamos nessa. Cabeça e coração, Bruno. Cabeça e coração.

Cerrei os punhos e desviei o olhar. Então coloquei uma camiseta e fui ao encontro dos outros no hall da vila olímpica.

Entrei no modo "on". A partir daquele momento, só existia a final para mim. O mundo começava e terminava nos 9 metros por 18 do Earls Court. Meu foco era tão grande que eu quase não via o que ocorria à minha volta: era como se eu tivesse sido teletransportado do meu quarto para a quadra, sem ônibus, sem vestiário, sem companheiros. Eu e o jogo. Nada mais.

A partida começou exatamente como sonhei centenas, milhares de vezes. Jogamos com uma segurança imbatível. A disputa se desenrolava em mão única. Em poucos minutos tínhamos dois sets a zero. As parciais diziam tudo: 25 a 19 e 25 a 20. Não existia margem para a Rússia; nós voávamos muito alto e eles nos olhavam de baixo.

Eu não ouvia o público nas arquibancadas, mas não sei dizer se era porque estavam todos mudos diante de uma prova de força tão evidente ou se era eu que, concentrado demais, eu não percebia nada do que acontecia ao redor.

O terceiro set iniciou com Vladimir Alekno, o enorme técnico russo, fazendo uma mudança movida pelo desespero: Muserskiy, uma fera enorme de infinitos 2,18 metros de altura, trocou de posição. Demoramos alguns segundos para nos dar conta de que ele não jogava mais no centro. Ele passou a ser oposto, e Michaylov assumiu a função de ponteiro. A mudança tática dos adversários nos criou alguns problemas, mas não parecia nada grave.

– Não vamos ceder – dissemos uns aos outros em quadra. – Estamos na frente e vamos continuar assim.

Chegamos a 13 a 10, mas não conseguimos fluir. Foi justamente Muserskiy que manteve os russos vivos, levando a disputa a 15 a 15. Após uma diagonal vencedora de Murilo, chegamos em 16 a 15, e Alekno pediu o tempo técnico. Quando o jogo voltou, Lucão disparou um míssil a um palmo da linha de fundo: 17 a 15, ficamos dois pontos à frente.

Estávamos em estado de flow, sentindo o cheiro do sangue. Só nos faltava abocanhar a presa.

Eu trabalhava a mil na quadra. Servi Murilo, eles defenderam, mas Muserskiy pisou na linha e cometeu falta. Placar 18 a 15. Faltavam sete pontos para o ouro. Sete.

– Vamos, pessoal, vamos conseguir! – berrou Bernardinho, do banco.

Nós nos olhamos e entendemos que era verdade: estávamos na última arrancada, na última curva. O auge estava próximo. O técnico russo também se deu conta disso e pediu de novo o tempo técnico. Queria quebrar o ritmo da partida, mudar a dinâmica dela.

E conseguiu. Quando voltamos à quadra, não fomos capazes de defender o ataque de Michaylov: 18 a 16. Wallace cortou sem piedade em uma diagonal fechada (19 a 16), eles não perdoaram na troca de bola (19 a 17). O rally do 20 a 17 foi infinito: depois de quatro trocas de bola de perder o fôlego, Wallace disputou a bola no bloqueio, bateu nela para a esquerda e fez valer sua técnica superior. Faltavam só cinco pontos.

Cacete, eles não vão mais nos alcançar, não vão mais nos alcançar!

Não me atrevi a dizer isso, mas pensei, pensei de verdade. Outra disputa infinita deu um ponto aos russos, mas no saque eles mandaram a bola para fora. Alekno fulminou seus jogadores. Com o placar de 21 a 18, nem temos tempo para festejar porque logo virou 21 a 19.

Agora, pessoal, é agora que a gente acaba com isso, vamos lá, vamos acabar com isso!

Mas ainda havia espaço para outro rally de fogo. A bola chegou para Muserskiy, sempre ele, que soltou o braço e praticamente fez um buraco no chão. Eu e meus companheiros gesticulamos, esbravejamos, gritamos para o juiz. Ele se manteve impassível, mas por sorte concordou com a gente: bola fora, 22 a 19.

Bernardinho me chamou no banco para uma mudança tática clássica: eu saí e entrou o central Rodrigão, para aumentar o bloqueio contra a troca de bola russa e evitar que o ataque deles passasse pela rede. Mas passou. Sérgio, que não é um jogador e sim um polvo, manteve viva uma bola impossível, que se ergueu a três metros de altura. Para finalizar aquele ataque, o time precisaria do levantador, mas o levantador era eu e eu estava no banco... Murilo só conseguiu mandar a bola para o outro lado. No fim, voltou uma bola indefensável até mesmo para Sérgio: 22 a 20.

Voltei à quadra. No saque seguinte estava de novo Tetyukhin, que tinha 37 anos e uma classe imensa. Não conseguimos fechar, e no contra-ataque veio mais uma bomba de Muserskiy. Eles chegaram a 22 a 21 e Bernardinho entendeu que o momento era delicado. Falou com o árbitro e pediu tempo. Dessa vez era ele que queria quebrar o ritmo dos nossos adversários.

Àquela altura, o jogo era como um xadrez jogado a mil por hora. Não conseguíamos parar de pensar que um minuto antes estávamos três pontos à frente, e que eles estavam vindo para cima da gente. Mas isso era um erro: nunca se deve pensar no que passou, precisamos olhar sempre à frente.

Quando o jogo recomeçou, Tetyukhin sacou em Dante, que recebeu mal. A bola foi fora, um ace direto. Ou seja, um tapa na nossa cara, daqueles que doem muito: 22 a 22.

Mais um tempo, de novo nosso, de novo com o objetivo de quebrar o ritmo.

Bernardinho estava encharcado de suor, os nervos tensos, os músculos travados.

– Vamos segurar o saque e virar a bola. Paciência!

Enquanto ele falava, o Chico, nosso segundo treinador, me chamou à parte e disse, olhando fixamente nos meus olhos:

– Bruno, vamos, é o momento de fechar o jogo.

Eu concordei, mas não respondi: estava em transe.

Quando voltamos à quadra, só pensamos em ganhar.

Num lance perfeito, Wallace nos levou ao 23 a 22, mas Muserskiy (de novo ele, sempre ele!) fez o mesmo e fomos a 23 a 23. Na troca de bola seguinte, Sérgio recebeu muito bem e me permitiu acionar o Lucão, que cravou dentro da linha de três metros: 24 a 23.

Match point para nós.

Nós os bloqueamos no primeiro ataque, mas Dante não conseguiu defender o ataque seguinte. O primeiro match point já era. Não desanimamos, e logo depois Wallace lançou uma diagonal fechada indefensável. Ficamos de novo à frente: 25 a 24. Segundo match point.

Fui para o saque. Não era o momento de arriscar, então saquei flutuante, como faço sempre. Mas mal tivemos tempo de nos posicionar e veio o ponto russo: 25 a 25.

Era a vez deles de sacar. Murilo defendeu com o peito; decidi confiar e levantei para ele mesmo.

Põe a bola no chão, põe a bola no chão.

Mas os russos mantiveram a bola em jogo e fizeram o ponto com uma paralela monstruosa. A vantagem deles (25 a 26) felizmente durou pouco: com uma bola de primeiro tempo Sidão empatou de novo. As duas trocas de bola seguintes também terminaram em um instante (eles desperdiçaram um saque na rede, fazendo o técnico ficar furioso, com razão), um ponto para cada seleção e estamos empatados mais uma vez: 27 a 27.

No ponto seguinte houve quatro (quatro!) ataques seguidos de Muserskiy. Eles deram outro passo à frente e tiveram outra maldita chance de vencer um set que se tornou uma batalha. 27 a 28.

Para o saque decisivo do time russo entrou em quadra o capitão Chtey. Como sempre, coube a mim decidir em quem confiar entre meus companheiros para a enésima bola decisiva. Eu tive tempo para escolher. Saque flutuante, recepção ótima.

Ponta, meio, oposto. Oposto, meio, ponta...

Escolhi Lucão, dei uma bola de primeiro tempo ao central. Tinha certeza de que eles não esperavam por isso, mas me enganei. Volkov saltou junto com ele, e o bloqueou. Enquanto o som da bola batendo no chão retumbava no silêncio ansioso da arena, eu sentia uma faca sendo cravada no meu peito.

O set terminou em 27 a 29, e, naquele mesmo instante, entendi que tínhamos perdido uma grande chance. Não aproveitamos dois *gold medal points*, estivemos a um centímetro da glória e a deixamos escapar.

Segui meus companheiros e me arrastei para o outro lado na troca de quadra, mas eu não estava realmente lá. Observando o rosto dos meus adversários, do outro lado da rede, não consegui parar de pensar na chance desperdiçada. Lembrei a bola do 24 a 23, depois do meu saque no 25 a 24...

Em resumo, revivi o final do set, ponto a ponto. E então a partida recomeçou. Focado no que passou e não no que viria pela frente, perdi a concentração. Essa é a pior coisa que um jogador pode fazer. O time todo dava sinais de cansaço e ansiedade. Já os russos estavam revigorados. Giravam bem, jogavam com entusiasmo. Na metade do set ficaram à frente por 18 a 13.

Ao longo da carreira já havia acontecido de eu me afastar mentalmente do confronto, mas não era o que estava acontecendo ali. Minha cabeça me dizia isso, meu corpo também, refletindo meus anseios.

Nos tempos técnicos, Bernardinho até tentava nos sacudir. Seu rosto estava transfigurado, ele parecia estar no fim de uma maratona extenuante.

Mas aquele 27 a 29 ainda estava lá, pairando no meu cérebro. Desconcentrado, eu pensava demais e falava comigo mesmo: *O que você vai fazer, se render? Agora? Bruno, não desista, não durante a final que você sempre esperou.*

Voltando à quadra, continuei ligando e desligando da partida. Mas, nesse nível de jogo, se você não está focado, não ganha. Do ponto de vista técnico, isso significava que minhas escolhas estavam mais previsíveis: colocava a bola no segundo tempo e via que os russos já tinham lido a jogada; tentava antecipar as bolas ao centro, mas minha cabeça e minhas mãos trabalhavam em velocidades diferentes; não tinha pressão, e isso criava uma insegurança no meu jogo.

Perdemos o quarto set por 22 a 25.

– Agora chega – ouço alguém dizer perto de mim na rápida pausa antes do set decisivo. – Agora a gente vai se reerguer.

Bernardinho fazia o possível para nos incentivar, afirmando que tudo era possível, que devíamos apenas ficar no jogo.

– Eles não estão na frente e nós não estamos na frente – concorda um dos meus companheiros. – Estamos empatados, é como se recomeçássemos do zero.

Mas não era verdade. Toda a concentração que eu tinha no começo da partida havia ido embora. Minha boca estava seca, meu peito, pesado. Sentia-me esmagado, pequeno, inadequado.

Voltamos à quadra para o tie-break, dando o nosso melhor, correndo atrás.
1 a 3.
4 a 7.
6 a 10.
Éramos como pugilistas que se levantam no oito na hora da contagem. Mas, no fundo, sabíamos o que estava para acontecer. Não íamos vencer. Ainda estávamos tentando, mas sabíamos que nunca iríamos conseguir. Não era mais o nosso momento.
7 a 13.
7 a 14.
A Rússia tinha sete match points.
E precisou de muito menos que isso.
Perdemos o tie-break por 9 a 15.

É difícil, quase impossível, descrever o que se sente na derrota de uma final olímpica que já estava nas suas mãos. Que estava dominada. A única certeza – e isso é comum a todas as pessoas que vivem o esporte de modo visceral, como eu faço – é que se trata de uma cicatriz que nunca vai sumir.

Londres, 12 de agosto de 2012
Earls Court Exhibition Centre.
Final dos Jogos Olímpicos, Brasil x Rússia.

A bola toca o chão, acabou. Ficamos parados, em silêncio, no nosso lado da quadra.

Do outro lado da rede, os russos comemoram um ouro que chegou depois de terem estado a um passo da derrota; já nós, estamos destruídos.

O barulho na arena é enorme, mas eu só ouço silêncio.

Fico imóvel, petrificado.

Acompanho os acontecimentos seguintes como um espectador: estou completamente ausente. Arrasto-me sem abrir a boca, sem falar com ninguém. Estou destruído pela derrota, mas não é só isso. A perda de foco que me acompanha a partir do quarto set me arremessou para um buraco negro.

No vestiário, afundo a cara na toalha, como se aquele tecido leve pudesse me fazer sumir do mundo. Era isso o que eu queria fazer de verdade: desaparecer.

Alguém nos chama para o pódio. Pego a medalha de prata com

desgosto, como um objeto que nunca gostaria de tocar. O hino russo dura uma eternidade, e de fato é esse o tempo que a premiação parece durar dentro de mim.

Voltamos para o vestiário, sou sorteado para o antidoping, e o tempo continua em suspensão. Quando encontro meus companheiros no ônibus, sou recebido pelo mesmo silêncio que nos acompanhou quando a última bola tocou o chão no lado errado da quadra.

Depois disso há meu quarto, que se torna pequeno demais, minha empresária, que me leva para sair, o álcool, a garota semidesconhecida. Será uma noite bem longa, de choros e arrependimentos.

Tenho plena consciência de que nada mais será como antes.

SEGUNDA PARTE

\>\>\>

6

AS SOMBRAS

Depois da Olimpíada, paro apenas por duas semanas, muito pouco tempo para voltar a respirar de verdade, mas o suficiente para entender que a ferida da final perdida, em vez de cicatrizar, só aumenta. Passo esse tempo na casa do meu pai no Rio, incapaz de fazer qualquer coisa que não seja me lembrar do luto de Londres. Sim, porque o nocaute numa final tão importante é exatamente um luto. Não existe outro termo para isso. Estar tão próximo de realizar um sonho, depois de anos de preparação, e não saber se isso poderá se repetir, me faz ter a sensação de perder o chão.

Ele também tenta superar a derrota, mas, talvez graças à sua enorme experiência, parece fazer isso melhor do que eu. É o primeiro a se dar conta da minha dificuldade de lidar com esse sentimento: um perfeccionista extremo como ele conhece bem o peso de nunca poder errar.

– Quero que você conheça uma pessoa – me diz.

Eu nem sequer respondo. Estou deitado no sofá e fito o teto com o olhar perdido no vazio.

– Bruno – ele continua –, entendo o que você está sentindo, mas agora você tem que se esforçar para enfrentar sua frustração com uma abordagem diferente. E essa pessoa pode ajudá-lo.

O homem que meu pai me apresenta se chama Orlando Cani, um senhor de cerca de 60 anos que dá aulas de ioga e ensina um tipo de meditação ligada à respiração. Sua abordagem não é psicológica, e sim uma tentativa de tratar a cicatriz partindo de fora, do corpo, sem confrontar meu interior e aquilo que me faz perder o controle.

Decido experimentar e começo a fazer duas sessões por semana. Buscamos juntos um modo de administrar a raiva que me invade tantas vezes ao longo do dia e me impede de raciocinar. Trabalhamos principalmente técnicas de respiração e, sessão após sessão, fica claro que, durante toda a vida, cuidei muito pouco de uma parte fundamental do meu corpo e da minha alma.

Aos poucos vou aprendendo a mudar de atitude. Quando me vejo tomado por uma forte agitação, tento, por exemplo, desacelerar as batidas do coração concentrando-me na inspiração e na expiração. Em alguns casos dá certo e consigo retomar o controle; em muitas ocasiões – na maioria – não funciona.

Mas, como eu já disse, o calendário de vôlei não conhece pausas. Quase não tenho tempo de entender o que está acontecendo comigo e já estou de novo no ginásio, na expectativa do início de um novo campeonato. Depois da maravilhosa e intensa experiência no Modena, eu tinha voltado para jogar a temporada 2011-2012 na Cimed Florianópolis, e, logo antes do começo da Olimpíada, havia assinado com o RJX, um clube do Rio de Janeiro recém-criado, com um projeto muito ambicioso.

No RJX eu me vejo em uma equipe composta por grandes campeões, muitos companheiros que haviam enfrentado comigo aquela Olimpíada desastrosa: Thiago Alves, Dante e Lucão, que sempre foi minha segurança no ataque. E é com eles que estou no ginásio naqueles dias em que nada parece dar certo.

Os dois primeiros jogos amistosos da temporada, apesar da prática contínua com Orlando, são desastrosos. Continuo brigando com os juízes, com os adversários, até mesmo com meus companheiros. Perco o foco na partida pelos menores motivos, dou escândalos que não fazem parte da minha personalidade. Depois me arrependo e me envergonho. Isso é resultado do acúmulo de estresse e frustração.

O técnico do RJX, Marcelo Fronckowiak, entende meu mau momento e conversa comigo todos os dias. Ele me fala do meu papel, do exemplo que devo ser para os outros enquanto capitão. Já ficou claro para ele qual é o cerne da questão.

– Uma medalha de prata olímpica é um resultado incrível, é o sonho de 99% dos esportistas – diz ele. Diante do meu olhar pouco convencido, continua: – Você não pode continuar se culpando pela derrota. Olhe para a frente, pense nesta temporada, pense em trabalhar como você sempre fez, pense que você tem todo o tempo para conseguir sua revanche.

Marcelo fala comigo inúmeras vezes, mas meu pensamento continua voltando para as 15h21 de 12 de agosto de 2012 no Earls Court Exhibition Centre. O único momento em que consigo me distrair é à noite. Fujo de casa para não ficar sozinho com meus pensamentos, e sempre acabo em um bar ou em uma festa. É a única solução que encontrei para tornar menos intensa a lembrança que mais me machuca. Bebo sabendo que estou fugindo do jeito errado, mas é o remédio mais imediato e que faz com que eu me sinta anestesiado.

No início de 2013, após quatro meses muito pesados que me levaram ao ponto mais baixo da minha trajetória na vida e na quadra, entendo que o trabalho com Orlando não é suficiente. A vida de um atleta profissional é uma montanha-russa de emoções. As vitórias geram euforia, as derrotas trazem decepções, e as mudanças são sempre muito rápidas: um dia no Olimpo, outro dia no Inferno.

Percebo que preciso mergulhar mais fundo dentro de mim

para tentar superar o momento que estou atravessando. Como atleta, sempre me preocupei em trabalhar meu físico, meu desempenho, minha técnica. Agora é fundamental dar um outro passo: preciso trabalhar minha mente e conseguir equilibrar essas emoções.

Ligo para Alessandra Menga, minha empresária e amiga.
– Preciso de ajuda – digo a ela.
– Vou avisar ao Giuliano agora mesmo – ela responde. Em seguida, após um breve silêncio, continua: – Bruno, é a decisão certa.

Faz algum tempo que Alessandra me aconselha a conversar com Giuliano Milan, que é seu marido, mas também um profissional renomado, que desenvolveu um método de aplicação da meditação em esportes de alta performance, combinando a ciência com essa prática espiritual milenar. Acredito que existe um tempo para tudo, e, até então, eu não estava pronto para enfrentar meus medos e minhas fraquezas. Agora, porém, sei que o momento chegou.

As primeiras sessões são duras. Giuliano me põe em contato com um Bruno que eu conheço, mas que nunca encarei diretamente.

"Hoje você pensou na final de Londres?"
"E o que sentiu?"
"O que fez depois?"
"Após quanto tempo pensou de novo?"
"E como se sentiu naquele momento?"

Ele me faz perguntas rápidas, uma depois da outra. São perguntas simples, mas fortes o suficiente para mover a rocha que existe dentro de mim. A cada sessão vamos mais fundo; e as sessões são contínuas, uma vez por semana, às vezes uma a cada três dias, quando necessário. Giuliano me acompanha até durante os jogos em outra cidade para não interrompermos o trabalho.

Depois dos primeiros encontros fico muito mexido, mas sei que é um processo fundamental para me ajudar a refletir sobre mim mesmo e sobre o que estou passando. Entendo que preciso superar a frustração por não ter conseguido me tornar campeão olímpico. Partimos disso para remodelar minhas expectativas como homem e como atleta, tentando mudar meu foco para o aqui e agora, sem desperdiçar uma energia preciosa pensando no passado ou no futuro. Onde nasceu minha obsessão pela perfeição? Por que não me permito errar? Por qual motivo continuo a me machucar, culpando-me pelos insucessos? As perguntas são muitas, mais do que eu podia imaginar.

Volto no tempo até reviver mais uma vez o trauma da separação dos meus pais. Falo para o Giuliano sobre o divórcio, sobre quando minha mãe e meu pai me contaram que o casamento havia terminado. Confesso a ele que, por dois intermináveis anos, rezei muito para que eles se reconciliassem. Eu tinha apenas 8 anos, mas passei por tudo sozinho: não falava com ninguém sobre o que estava sentindo, tentava sorrir, tentava não preocupar quem gostava de mim. Eu tentava de todas as maneiras ser um menino perfeito, sereno, forte. A verdade é que eu não era tão forte assim.

Falamos muito daqueles dois anos e enfim compreendi o que eles realmente representaram para mim.

Pela primeira vez, tenho coragem de colocar para fora o que penso. Conto tudo ao Giuliano para, no fundo, dizer a mim mesmo. Hoje sei quanto a separação deles me marcou, mas também sei que não existem pais perfeitos, nem vida perfeita.

O trabalho com Giuliano é composto por um método desenvolvido por ele, de módulos dedicados a assuntos específicos, como medo, raiva e insegurança. Para cada módulo há materiais e livros para ler. Começo a entender como meu cérebro responde às mais diversas emoções, em qual momento do dia elas surgem e como posso me esforçar para lidar com elas de modo diferente. Aprendo com Giuliano ferramentas práticas para acolher melhor minhas emoções momento a momento. Nisso a respiração tem um papel fundamental.

Meu lado relacional, afetivo e não afetivo, é tema de muitas sessões. Como estou solteiro nessa época, ouço muitos amigos e conhecidos dizerem "Bruno, por que você não se casou?" ou "Bem, você não pode entender... Não tem filhos!". De tanto ouvir frases desse tipo, chego a me perguntar se há algo de errado com os meus relacionamentos. O fato é que sempre priorizei a carreira, sempre foquei no trabalho, talvez, por algum motivo, me privando de viver relações mais longas e profundas.

Giuliano também é preciso ao tratar desse assunto.

– Cada um tem seu tempo, Bruno – ele me diz. – Não ter encontrado ainda uma pessoa não significa que você deva se sentir inferior, muito menos que deva se forçar a fazer algo de que não está de todo convencido.

Paralelamente, iniciamos os exercícios e as técnicas de meditação. Estar com a mente presente naquilo que faço é, de fato, o primeiro e decisivo passo para deixar de remoer o passado. O exercício que ele me propõe é simples, mas só na teoria. A prática é bem mais difícil. Chama-se "jogo de contar respirações".

– Você tem que se concentrar na sua respiração – Giuliano me explica. – O desafio é contar vinte respirações completas, inspira e expira um, inspira e expira dois, e assim por diante. Mas tem um detalhe: cada vez que sua mente se perder na contagem, você volta e começa tudo de novo. Começaremos com esse jogo de olhos abertos, e depois de olhos fechados. O importante é não perder a conta, até conseguir terminar!

Nas primeiras vezes, mesmo tendo que contar só até vinte, foi complicadíssimo. Mas com o tempo e a prática, consigo contar cinquenta, às vezes até mais de cem respirações. Nesses momentos, eu me desligo do passado e do futuro para focar no fluxo da respiração, no presente. É uma técnica que passo a realizar também em quadra, durante os treinos ou os jogos.

No método do Giuliano também há um exercício em que criamos uma frase curta e positiva que devo repetir mentalmente nos momentos de maior estresse, para me ancorar no presente. Trata-se de uma espécie de mantra que me dá força. Lembro-me de uma delas: *Eu sou mais forte do que qualquer obstáculo.* Eu repetia essa frase em velocidades diferentes, primeiro rápido, depois devagar, e assim por diante. Costumo usá-la na hora de sacar. Conto, inspiro, respiro e... *Eu sou mais forte do que qualquer obstáculo.*

Em resumo, o objetivo de todo esse trabalho é claro: devo me concentrar no instante presente, naquilo que vivo aqui e agora. E a leitura dos livros que Giuliano me indica também tem um papel fundamental nesse processo. Semana após semana, me dou conta de que ler significa justamente isto: entrar naquilo que existe diante dos olhos e não deixar que sua mente "fuja" para a frente ou para trás. É assim que me apaixono pelos estudos relacionados à inteligência emocional e pelas biografias de atletas e treinadores ligados ao mundo do esporte.

Outra parte importante do nosso trabalho é sobre o não julgamento: preciso de qualquer maneira me cobrar menos e aceitar que quem está ao meu redor pode não ter as mesmas prioridades ou os mesmos valores que eu. Não julgar significa dar espaço para que os outros possam se expressar e, ao mesmo tempo, aceitar a diversidade, vivendo-a como uma riqueza. Eu não sou perfeito e cada um de nós é feito do seu jeito. Partindo dessa perspectiva, tudo se torna mais simples e espontâneo.

Eu percebo os primeiros resultados quando a frustração por uma derrota não dói tanto e quando o tempo que levo para deixar de lado uma emoção negativa passa de alguns dias a poucas horas. Eu me culpo menos e aceito um pouco mais a imperfeição. Passo a passo, me torno capaz de pensar em um erro meu – não apenas na quadra – sem achar que ele vai comprometer minha vida inteira. Então, enquanto minha mente se equilibra, meu desempenho como jogador também melhora. No fim da temporada 2012-2013, venço a Superliga brasileira com meu time.

>>>

De todas as meditações ensinadas e guiadas por Giuliano, a que eu prefiro, a que mais me ancora no aqui e agora, é a meditação da montanha.

– Imagine uma montanha bem alta – orienta ele. – Imagine a vegetação, os sons, o sol e comece a subir essa montanha em sua imaginação.

Meus olhos estão fechados e, na mente, desenho a "minha montanha": exuberante, relaxante, lindíssima.

– Agora imagine que no topo da montanha há uma grande árvore; aproxime-se dela aos poucos.

Eu vou até ela e sinto a brisa, o calor do sol, me sento debaixo dela e relaxo.

– Inspire e expire, relaxe. Libere qualquer estresse e cansaço acumulados na sua mente, no seu corpo e nas suas emoções nos últimos dias – continua ele. – Agora vamos levantar e caminhar até um banco no topo da montanha, de onde você consegue ter uma visão panorâmica da sua vida lá embaixo.

Nesse banco analisamos aspectos da minha vida que quero enfrentar de um jeito diferente, ou comportamentos que tenho em quadra, mas que não me agradam e que gostaria de corrigir. Às vezes penso também nos aspectos técnicos, como meu saque:

me imagino saltando e sacando forte numa área específica do lado adversário.

– Agora vamos levantar e caminhar sem pressa até um parquinho com crianças brincando – Giuliano me diz.

Ao lado do banco, imagino o parquinho com brinquedos e crianças. Eles representam meus pensamentos e sentimentos. Lá escuto meus pensamentos negativos, tais como "você não vai conseguir", "você não está à altura desse desafio", e Giuliano me guia por cada uma dessas reflexões incômodas, transformando-as.

– Aceite-as sem julgá-las.

É esse o coração da prática de meditação. Muitos estudos comprovam que todos os dias nossa mente produz dezenas de milhares de pensamentos diferentes, muitos deles casuais, automáticos. A meditação nos permite aceitar os pensamentos incômodos sem perder energia confrontando-os, negando-os ou fugindo deles. Não é tão simples, mas o exercício diário ajuda muito. Foi isso que me permitiu superar aqueles meses sombrios depois da surra olímpica e que ainda me ajuda, dia após dia.

Sim, porque o aprendizado de lidar com as frustrações é um processo constante. Hoje posso afirmar, sem dúvidas, que buscar ajuda para enfrentar as dificuldades me deu ferramentas para mudar minha vida.

7

A TRÍPLICE COROA

Graças ao trabalho com Giuliano, as coisas estão melhorando. A volta à seleção é marcada pelo vice-campeonato da Liga Mundial e os títulos do Sul-americano e da Copa dos Campeões, e nos três eu fui eleito o melhor levantador. A ferida de Londres começa a cicatrizar.

Mas, ainda assim, minha mente continua a mil por hora, principalmente porque meu novo time, o RJX, sofre uma crise muito dura, e um novo desafio se apresenta.

Em outubro de 2013 recebo um telefonema de Zenit Kazan me dando apenas um dia para decidir se me mudaria para a Rússia depois da contusão do levantador deles. Recuso o convite. Minha esperança é que a crise do meu clube se resolva logo, mas a realidade se mostra muito diferente. Sinto que devo ficar no Brasil, embora alguns dos meus companheiros estejam decidindo ir embora. Mais tarde entendo que fiz a escolha certa: o destino joga com antecedência, e depois de fechar a porta para o Kazan, um portão se abre à minha frente.

A crise financeira do RJX é algo novo que eu nunca havia vivenciado. Os anos em Florianópolis sempre foram tranquilos em relação ao cumprimento dos contratos. Na Unisul e na Cimed nunca tivemos problemas como atrasos de salários e falta de pagamentos. Por isso, estou convencido de que tudo pode voltar ao normal no RJX, a ponto de participar de reuniões com patrocinadores na busca por soluções. Já não sou mais um menino, e com o sucesso nos clubes e na seleção consegui ter uma reserva de dinheiro suficiente para viver por alguns meses. Mas minha intenção ao mexer com algo que não é da alçada de um jogador tem um motivo específico: ajudar os colegas que precisam do salário para sustentar suas famílias.

No entanto, o tempo passa, o dinheiro não vem, e o time – então campeão da Superliga e parte dos inúmeros negócios do empresário Eike Batista – está com os dias contados. Deixar o RJX é a única solução possível.

No dia 23 de dezembro recebo uma ligação da Itália. Eu seria falso se dissesse que esperava por isso, mas seria hipócrita se afirmasse que não me deu um prazer enorme.

– Aqui é Catia Pedrini, a nova presidente do Modena Volley. – Sua voz é decidida, as palavras são muitos diretas. – Eu e o diretor-geral Sartoretti gostaríamos muitíssimo de tê-lo de novo conosco.

Meu coração bate forte.

– Para a próxima temporada? – pergunto.

– Imediatamente – responde ela. – Queremos voltar ao topo do vôlei italiano e europeu, e queremos que você seja o levantador e a base para construir toda a equipe.

Digo à presidente Pedrini que preciso de alguns dias para pensar e que logo lhe comunicarei minha decisão. Mas a verdade é que dentro de mim já decidi. A experiência dos 40 dias em Modena me mostrou que seria muito importante para minha carreira voltar a disputar os campeonatos italianos e europeus, com os melhores jogadores do mundo inteiro. E a cidade tinha ficado no meu coração.

Passo o Natal em família, como sempre. Fico até o jantar do dia 24 com minha mãe e meus avós em Casa Branca, perto de Campinas, e na manhã seguinte pego um voo para o Rio, para a casa do meu pai.

No início de 2014 já estou em Modena, e a primeira coisa que faço é falar com o Lukas Kampa, levantador da seleção alemã, para esclarecer logo que minha intenção é ajudar o time, e não dar uma de estrela que exige o papel de titular.

Chego a tempo de entrar em quadra em 8 de janeiro, última partida do primeiro turno contra o Cuneo. O técnico me faz jogar desde o primeiro minuto.

Quando sou recebido por um PalaPanini cheio, caloroso, um paredão de camisetas amarelas pronto para incentivar a equipe, tenho a confirmação explosiva de ter feito a escolha certa: Modena é o meu lugar.

Resolvo me abrir imediatamente com o treinador, Angelo Lorenzetti. Assim que chego ao time, conto para ele sobre a final de Londres e quanto me marcou ter perdido o controle naquele maldito jogo.

Lorenzetti me ouve em silêncio, então diz:

– Entendo o que você passou. E justamente por isso tomo a liberdade de dizer que o que levará você à Olimpíada do Rio, em 2016, deve ser um percurso. Se você lidar bem com ele, quando chegar a hora você estará pronto.

– Há um ano venho trabalhando o fantasma de Londres todo santo dia – respondo. – Portanto, concordo totalmente com você.

– Fico contente por saber que é algo que você já está fazendo. Nos esportes em equipe é difícil encontrar jogadores que se preocupam em fortalecer o lado mental. Ainda estamos muito atrasados nesse aspecto.

Nesse momento eu o interrompo:

– Mas além do percurso mental, tenho que fazer um percurso técnico também. Com você.
– Estou aqui para isso, Bruno. Espero poder ser uma peça importante no seu caminho.

Angelo Lorenzetti é um treinador extraordinário. Não apenas vive e respira vôlei, enriquecendo-nos com suas ideias, mas também tem um jeito único de trabalhar. Ele consegue criar uma empatia e uma coesão no grupo que não sei traduzir em palavras. O time em que entro para ser o levantador é uma boa equipe, mas precisa de um craque para dar o salto de qualidade. E justamente pensando nisso me lembro de alguns artigos que li nas semanas anteriores à minha chegada. Os jornais especializados relatavam a "fuga" do ponteiro francês Earvin Ngapeth da Rússia. Um dos maiores talentos do vôlei mundial tinha literalmente escapado do dia para a noite do Kemerovo, o time siberiano treinado por seu pai, Éric, para voltar à França. Pelo que as matérias diziam, ele estava buscando uma nova equipe.

Menciono esse fato a Andrea Sartoretti.
– Esse jogador é ótimo – digo.
– Eu sei – responde ele. – E acho que o Modena seria o lugar certo para ele.

Depois dessa conversa não penso mais no assunto. Tenho 48 horas livres e resolvo voar para Barcelona e passar uma noite no Camp Nou torcendo para meu amigo Neymar.

Nós nos conhecemos em 2010 após um show de Thiaguinho, um grande amigo em comum. Na época, Neymar havia acabado de começar a carreira profissional, jogava no Santos e naquela noite tinha brilhado contra o Corinthians. Ali nasceu uma amizade especial. Nele eu encontro uma pessoa simples, humilde, tranquila, um garoto brincalhão.

Passamos por muitas coisas juntos, mas a recordação mais inesquecível é a que vivemos na Olimpíada de Londres 2012, quando nós dois perdemos a final em nossos respectivos esportes. No dia da minha derrota para a Rússia, ele estava voltando com o time para o Brasil. Ainda não existia WhatsApp, mas ele me mandou uma mensagem que guardo com carinho até hoje: "Bruno, sinto muito pelo resultado da final, mas daqui a quatro anos vamos tentar de novo e conquistaremos juntos esse ouro." Uma promessa que levaríamos conosco para a Olimpíada do Rio em 2016.

No dia seguinte, estou no aeroporto esperando o momento do embarque, quando recebo um telefonema de Sartoretti.

– Conseguimos – ele me diz. – Contratamos Ngapeth, amanhã ele chega a Modena.

– Ótima notícia! – respondo, feliz por ver que o clube deseja reforçar o time.

– O Lorenzetti quer que você esteja no PalaPanini com ele amanhã para recebê-lo – continua. – Tudo bem por você?

– Pode contar comigo.

O primeiro treino com Ngapeth é inesquecível. Estamos nós dois em quadra, Angelo no comando. E a química entre nós surge de imediato. Embora ele esteja parado há um mês e meio, faz jogadas que me deixam boquiaberto. Nunca vi um jogador assim. Nunca. Nós sorrimos um para o outro, Angelo ri para nós. Aquele breve encontro é suficiente para nos fazer entender que algo importante está nascendo.

Em poucos meses aquele enorme garoto francês, indomável, torna-se um irmão. Nunca perde uma chance de sorrir e divertir a gente, é generoso e disponível. Vive o vôlei como eu, intensamente, de modo quase obsessivo, com a ideia fixa na vitória. Também respirou vôlei desde o nascimento, com um pai jogador que agora é técnico. Ou seja, somos diferentemente iguais.

É uma meia temporada de adaptação que termina na primavera italiana de 2014. Nesse meio-tempo aprendemos a nos conhecer e a jogar juntos. Saímos na semifinal contra o Lube, mas é claro para todos que o Modena está se tornando protagonista.

Volto ao Brasil para reintegrar a seleção, que buscava o quarto título mundial consecutivo, mas acabamos derrotados na final para a Polônia na casa deles, um time que vinha crescendo ano após ano. Mais uma medalha de prata que dói, pois achávamos que era possível ganhar. Mas não é a mesma dor avassaladora de antes.

> > >

No verão, o time de Modena é reforçado de modo definitivo. Chegam três jogadores da seleção italiana: Luca Vettori, Matteo Piano e Salvatore Rossini. Tiramos Petrić do Perugia para ser ponteiro ao lado de Ngapeth e Kovačević (que estava com a gente desde a temporada anterior). Quem rege a orquestra, naturalmente, é Angelo Lorenzetti.

No dia anterior ao jogo de estreia na temporada regular, leio na *Gazzetta dello Sport* uma matéria que lista as equipes favoritas ao título: o Modena está em quarto lugar. Arranco a página e a levo ao treino para mostrá-la aos meus companheiros.

– Olhe aqui, pessoal – digo. – No fim da temporada, quem nos colocou em quarto lugar do ranking vai ter que admitir que nos subestimou, e muito!

Paro e olho meus companheiros, um por um. Gosto do que vejo: todos têm nos olhos a energia de quem sabe que pode fazer coisas incríveis. Sou o capitão do time e sinto o peso da responsabilidade de levar o Modena à vitória. Até porque é isso que um líder deve fazer: incentivar a todos.

– Estamos aqui para vencer! – concluo.

E vencemos. Nosso campeonato começa com uma sequência de nove vitórias. Depois do 3 a 1 na estreia contra o Perugia, mandamos uma série avassaladora de oito 3 a 0 seguidos. Estamos arrasando, tecnicamente e mentalmente, e me dou conta de como o treinador pode fazer a diferença num grupo.

Angelo Lorenzetti se preocupa muito com o lado psicológico de seus jogadores. Consegue unir identidades, temperamentos e culturas diferentes, exaltando, do mesmo modo, nossa unicidade. Toda semana ele manda para cada um de nós um e-mail pessoal com um objetivo específico, além de um pedido de feedback. Primeiro, temos que responder por e-mail e depois aprofundar o assunto numa conversa cara a cara. O que ele extrai da gente é um treino técnico, tático e também cerebral, um método de trabalho que não apenas nos faz crescer, mas nos torna coesos. Além disso, no ginásio ele nos incentiva com muitas anedotas e histórias. Uma de suas frases preferidas é: "Ontem é história, amanhã é mistério, mas hoje é uma dádiva, por isso se chama presente." A frase, que se tornou famosa com o desenho animado *Kung Fu Panda*, é um modo muito direto de nos lembrar que devemos ser gratos pelo que fazemos.

Angelo, porém, não cuida apenas do lado mental, pelo contrário. Os treinos são de uma intensidade arrebatadora. Quando estamos em quadra treinando seis contra seis, jogamos como se estivéssemos disputando uma partida oficial. É uma luta: nós gritamos um com o outro, brigamos, voam berros e, às vezes, até algumas cadeiras... Isso me remete à seleção brasileira na época de Gustavo, Giba e a geração do ouro de Atenas. Os treinos chegam a ser mais intensos do que os próprios jogos.

É um estilo de treinamento muito diferente do brasileiro, que dá mais ênfase ao trabalho com ações e exercícios repetidos. Para alguém que gosta de competir como eu, não existe estímulo maior. Às vezes acontece de eu exagerar e lançar algumas bolas na arquibancada e depois me envergonhar. Odeio perder, preciso domar meu espírito de competição. É uma parte de mim que terei que aprender a controlar durante toda a minha vida.

Angelo nos vê lutar e nos estimula a dar mais, cada vez mais, para depois diminuir o ritmo nos últimos dois treinos antes do jogo, de modo que a gente chegue ao confronto com a energia perfeita. Os resultados são evidentes: quando entramos em quadra, realizamos uma verdadeira revolução. Muitas vezes atacamos no segundo toque, outras fingimos que vamos fazer uma *pipe*, mas na última hora mudamos a jogada, permitindo um ataque totalmente livre. Ngapeth e Kovačević experimentam coisas nunca vistas antes. É bonito ver nossa equipe.

– Quero que vocês joguem com um sorriso no rosto, com determinação, quero que vocês deem tudo que têm e que arrisquem – Angelo costuma nos dizer. – Nós só vamos vencer se jogarmos assim.

É o grupo que conta. Mesmo quando o Modena contrata Yuki Ishikawa, um jovem talento japonês, o entrosamento é imediato e natural. Já desde o primeiro treino ele entende como nos movimentamos e rapidamente demonstra que já tomou para si a nossa nova filosofia de vôlei.

> > >

A primeira meta da temporada é a Copa Itália. A fase final é jogada no PalaDozza de Bolonha em 10 e 11 de janeiro, e o Modena não conquista esse campeonato há 17 anos, uma eternidade. Ganhamos a semifinal no tie-break contra o Lube, garantindo a chance de jogar a partida decisiva. Na final o Trento nos espera.

O Trento não é uma equipe como as outras. É um dos clubes que representam a elite do vôlei internacional. Mas quando entramos em quadra, vemos a arena toda pintada de amarelo. Lá está uma cidade inteira nos empurrando, torcendo, erguendo cachecóis, bandeiras, e nós acreditamos que vamos conseguir.

Jogamos um grande vôlei, com determinação feroz, qualidade e alegria. Ganhamos por 3 a 1 e levamos um troféu para o Modena pela primeira vez desde 2008, quando o time ganhou a Challenge Cup. Comemoramos na quadra e com a torcida, todos nós nos jogamos no meio da multidão amarela do PalaDozza. É um abraço coletivo, pleno, de coração aberto.

Nesses dias, entendo que o trabalho com Giuliano sobre a ansiedade e o perfeccionismo, que já dura dois anos, está dando resultados cada vez mais importantes. Percebo isso pelo modo como me comporto com meus companheiros. Finalmente não exijo mais que todos tenham sempre a mesma atitude e as mesmas ideias que eu, consigo julgar menos, consigo ser cada vez mais aberto. Tento entender quem está do meu lado e deixar as pessoas se expressarem, comportando-me com cada uma de maneira diferente.

Durante um jogo em Molfetta, por exemplo, bato um papo com Luca Vettori, um garoto excepcional, muito diferente de mim. Introvertido, sensível, com uma veia artística que confunde a gente. Às vezes ele parece mergulhado em seus pensamentos, mas na realidade sua dedicação ao jogo é total.

– Entendo que estamos na mesma sintonia, mas vivemos as coisas de modo completamente diferente – começo. – Eu ficaria muito contente se você se abrisse comigo, me explicasse como se sente durante o treino. Eu gostaria de ter uma relação verdadeira com você, pois só assim nós dois poderemos dar nossos 100%.

Luca me olha, faz uma pausa, vira-se para as vidraças da arena.

– Sim, Bruno, você tem razão.

– Acha mesmo?

Ele concorda.

– Acho que temos que falar mais, ter mais liberdade de dizer como estamos, o que pensamos, o que queremos, nos treinos e nos jogos.

Eu penso a mesma coisa: graças às relações cristalinas, sem

filtros, "funcionamos" melhor. Só assim caem as barreiras e nos mostramos como somos de fato.

Terminamos a temporada regular do Campeonato Italiano em segundo lugar, a apenas dois pontos do Trento. Jogamos bem também os play-offs, sem sofrer nem contra o Ravenna nas quartas nem contra o Latina na semifinal. Não deixamos uma partida sequer pelo caminho. Chegamos à série final com folga, e do outro lado da rede está o Trento de novo. É um desafio complicadíssimo, nós sabemos: uma série melhor de cinco é muito diferente de jogar um confronto único.

Em Trento, perdemos a primeira partida no tie-break, por causa de um suposto toque do bloqueio, na realidade inexistente, apitado contra meu amigo e grande jogador Nemanja Petrić. Pedimos o VAR, os juízes olham algumas vezes as imagens e inacreditavelmente afirmam que houve toque. Perdemos o foco, a concentração e o jogo também. Depois vencemos o jogo 2 em Modena, mas depois voltamos a perder em Trento.

Damos o máximo, mas é evidente que, naquele ano, o máximo não é suficiente. A série acaba do pior jeito, no jogo 4, com o Trento erguendo o troféu mais importante da temporada na nossa casa, o PalaPanini, diante da nossa torcida.

Machuca, mas, ainda assim, em meio a toda aquela raiva, toda aquela amargura, há também algo de diferente: a clara percepção de que estamos prontos para ganhar tudo.

> > >

No início da temporada 2015-2016 analisamos atentamente junto com o treinador o que aconteceu durante a série, as condições específicas que se criaram e levaram àquele resultado.

– O que vocês sentiram naqueles jogos? – Lorenzetti nos pergunta. – E o que sentem agora, quando se lembram da série?

Não conseguimos responder.
– Ódio – responde, então, o treinador. – Ódio esportivo, claro. Mas ainda assim ódio. Quero lembrá-los também de como vocês perderam a cabeça por aquele toque que o juiz deu para o Petrić. É verdade. Após ter dado nome àquele sentimento, fica muito mais simples analisar como nossa raiva nos impediu de manter a lucidez e, consequentemente, a eficiência em quadra. No esporte, quando nos deixamos levar por emoções extremas, perdemos o foco no momento presente e, quando nos damos conta, é tarde demais para reverter o resultado.
– Não conseguimos administrar o ódio da melhor maneira. Foi isso que comprometeu a série – diz Lorenzetti.
É um erro que não queremos repetir.
No lugar de Kovačević, que foi para o Verona, chega um outro "maluco", ótimo como ele, Miloš Nikić. O restante do time titular está intacto, com um novo membro extraordinário: Lucão, um jogador sempre presente nos momentos importantes da minha carreira. Ele estava lá em 2003 quando chegamos à seleção juvenil (nós dois fomos dispensados); estava comigo em Roma, em 2010, quando vencemos o Mundial; lado a lado sofremos a pancada de Londres, em 2012. Embora essa seja sua primeira experiência fora do Brasil, ele não tem nenhuma dificuldade para se ambientar.

Nesse momento nossa amizade fica ainda mais forte. Quando ele chega à Itália, sua esposa, Bia, está grávida, e como o casal ainda não fala bem italiano, assumo a função de tradutor oficial. Para minha felicidade, eles me dão o prazer de ser padrinho do pequeno Théo, que nasce no Brasil. Quando vejo meu afilhado pela primeira vez, imagino como será a nossa conversa no futuro, quando ele entender que o pai e o dindo são jogadores de vôlei: "Théo, seu pai é o melhor central com que eu joguei na vida!"

A entrada de Lucão é determinante para o salto de qualidade da equipe e para o crescimento dos jovens, mas não é só isso: ele é o churrasqueiro oficial do time. É ele que organiza o churrasco a cada dez dias, e esse é um jeito perfeito de estarmos juntos, conversarmos, discutirmos, brincarmos. Em outras palavras: esses encontros são fundamentais para fortalecer o grupo.

— Pessoal, hoje à noite todos na casa do Bruno. Eu faço o churrasco! — É a frase recorrente de Lucão no início dos treinos. E não tem uma vez em que todos, todos mesmo, não se reúnam em volta do fogo.

> > >

O churrasco é uma instituição em todos os grupos de que faço parte. É um momento de descontração em que dificilmente falamos de vôlei.

Quando cheguei a Florianópolis, em 2003, para começar minha carreira na Unisul, tive a primeira experiência com o "churrasco do time". Era a comemoração do aniversário de três jogadores: Marcos Milinkovic, o argentino astro da companhia; André Heller, que seria campeão olímpico no ano seguinte com a nossa seleção; e Alê, um levantador já quase encerrando a carreira, que se dividia entre o trabalho de jornalista na RBS TV pela manhã e os treinos da Unisul à tarde.

Todos os jogadores estavam lá, inclusive o técnico, o também argentino Carlos Weber. Numa foto que tiramos nesse dia, eu estava com o cabelo raspado porque tinha passado no vestibular para Administração. Uma análise mais atenta da imagem mostra um grupo de homens e dois meninos: eu e o Thiago Sens.

Anos depois, fiquei sabendo que um dos jogadores se aproximou de Weber para conversar naquele evento, porque percebeu que ele parecia meio deslocado. Mas não demorou a descobrir que tudo aquilo era uma estratégia do técnico: ele estava lá só para observar o comportamento do grupo. E adorou o que viu.

– Eu nunca participo desses encontros – disse ele, na época. – Esse momento pertence aos jogadores, mas hoje eu vim porque quero confirmar uma impressão que tive há alguns dias. Olhando para vocês, todos juntos, conversando, bebendo e sorrindo, não tenho mais dúvidas. Nós vamos ganhar a Superliga.

(Meses depois, no ginásio Tesourinha, em Porto Alegre, a profecia se confirmou. A Unisul foi arrasadora, fechando a série com três vitórias contra a Ulbra. Foi a conquista da minha segunda Superliga. Sim, a segunda, porque a primeira eu ganhei na barriga da minha mãe, em 1986, com a equipe da Supergasbras!)

> > >

É justamente a coesão do grupo que se mostra fundamental para enfrentarmos um momento complicado. Uma noite, Ngapeth provoca involuntariamente um acidente de trânsito (por sorte sem consequências graves) e, tomado pelo pânico, não presta socorro e foge. Embora depois ele se arrependa e decida se entregar, o estrago já está feito. O patrocinador principal pede que o jogador seja suspenso, pois a atenção da mídia é enorme. São dias difíceis para todos.

O clube se reúne na sala da imprensa: time, comissão técnica, setor administrativo, todos. Quem toma a palavra são a presidente Pedrini, o diretor-geral Sartoretti e Lorenzetti.

– Ngapeth errou. Isso está claro para todos, principalmente para ele – diz nosso treinador. – Mas, em uma família, quando um filho erra, ele deve ser ajudado, e não isolado, muito menos expulso de casa. Nós hoje estamos aqui para dizer que somos uma família e que sairemos deste momento mais fortes e unidos que antes.

Ele está mal, tem o semblante arrependido e, quando começa a falar, não desgruda os olhos do chão. A primeira coisa que faz é pedir desculpas a todos. Um grande e respeitoso silêncio se instala por alguns instantes. Mas, exatamente como acontece em uma família, garantimos que vamos resolver isso juntos, um ao lado do outro. Como Lorenzetti disse, temos certeza de que sairemos dessa mais fortes. Afinal, é nos momentos difíceis que a união do grupo se põe à prova, porque é fácil ficarmos unidos quando tudo vai bem. Naquele dia avançamos um pouco, damos mais um passo à frente. É a resiliência que conta, a capacidade de aceitar que há dias em que as coisas se complicam, e é justamente aí que precisamos nos apoiar. E nós temos a resistência de um granito.

De todo modo, não faltam momentos de tensão ao longo da temporada. Durante um tempo técnico de uma partida em que estamos indo mal, por exemplo, eu me pego pedindo desculpas aos meus companheiros:

– Culpa minha, pessoal – digo. – Estou jogando mal, não estou sendo preciso nem fazendo as escolhas certas.

Lorenzetti me interrompe, explosivo:

– Bruno, chega! Se você continuar a assumir todas as culpas, nunca vamos crescer! Somos uma equipe, as responsabilidades são de todos, não são só suas. Não leve tudo para você!

Entendo imediatamente que Angelo tem razão: seu discurso não é muito diferente do que Giuliano sempre me diz. Como costuma acontecer comigo, em busca da perfeição acabo colocando minha figura à frente da figura dos meus companheiros.

> > >

Em quadra nós estamos voando. Bem no início da temporada acontece o primeiro dos muitos embates com o Trento: a final da Supercopa italiana. O jogo é sábado, 24 de outubro. Jogamos por quase duas horas e meia. É uma maratona, com o primeiro set terminando em 37 a 35 para o Trento. No fim, vencemos por 3 a 2. É o primeiro título do que será nossa Tríplice Coroa.

Nosso próximo compromisso importante no calendário é a fase final da Copa Itália 2015/2016, em Milão, e começamos com força total, talvez alcançando o ápice em termos de nível de jogo durante meu tempo no Modena.
Na semifinal derrotamos o Perugia por 3 a 1. Vettori joga uma partida sem vigor, mas Ngapeth e Petrić são fantásticos. De noite, antes do jantar no hotel em Milão, depois de analisar o vídeo do adversário na final, converso com Ngapeth e digo que amanhã será o dia do "Vetto".
Tenho confiança total nos meus companheiros e sinto na pele o que todos estão passando.
Na final, enfrentaremos o Trento. Sim, de novo o Trento.
Lorenzetti decide preparar a partida como nunca antes:
– Quero que vocês se coloquem no meu lugar – diz. E, diante dos nossos olhares confusos, explica: – Cada um de vocês deve analisar uma característica dos nossos adversários.
Após fazermos isso, conversamos sobre o que pensamos, ressaltamos os pontos fortes deles, buscamos os pontos fracos. No fim, decidimos como e o que precisamos fazer para enfrentar o adversário da melhor maneira. Eu já tinha uma estratégia definida.
Não sei dizer se foi essa a chave do nosso sucesso, mas o fato é que jogamos um vôlei extraordinário. Vencemos a partida em pouco mais de uma hora, com um seco 3 a 0. No último set, deixamos o Trento com apenas 13 pontos. Uma prova de força. E como eu previ, Vettori joga uma partida fenomenal e é escolhido como MVP, o melhor jogador do torneio.
Ao fim da partida, o Fórum de Milão nos rende aplausos de pé. É de arrepiar. É o segundo título da temporada.
– As vitórias devem ser comemoradas à altura – diz Lorenzetti.
Ele nem precisa insistir. Vamos todos juntos para o restaurante comemorando a plenos pulmões durante o trajeto de ônibus. Depois do jantar passamos a noite na melhor boate de Milão.

Voltamos para o hotel nos arrastando como fuzileiros navais, alguns membros da comissão técnica tombam nas poltronas da recepção em vez de irem para a cama. Os funcionários do hotel caem na gargalhada ao ver a cena. No dia seguinte, resolvemos fazer uma homenagem às cores do nosso time e todos viramos loiros platinados. Não se pode dizer que estamos bonitos... mas sorridentes, isso sim.

Embora Catia Pedrini seja conhecida como uma mulher com um carisma e uma paixão infinitos, ela não leva nossa brincadeira na boa e nos dá uma bronca daquelas.

Ela não está completamente errada. Perdemos o foco. Isso fica claro três dias depois, quando jogamos de novo contra o Trento, desta vez pelo campeonato italiano, e perdemos por 3 a 2. Em casa.

Assim, a partida em Perugia que acontecerá dali a duas semanas se torna de suma importância para o clima geral e para nossa classificação. Percebo que a equipe está um pouco insegura, então peço permissão a Lorenzetti para animar Ngapeth de um jeito bem especial.

– Vamos tentar – responde o treinador.

Pouco antes do início do jogo, vou falar com meu amigo.

– Hoje você vai ser minha referência, vou dar todas as bolas difíceis para você. É você que deve ganhar essa – digo a ele.

Ngapeth me olha e acena com a cabeça.

– Vamos fazer assim – continuo. – Se ganharmos esse jogo, eu pago um jantar em Milão.

Ngapeth, como sempre, não decepciona e é justamente ele quem decide o confronto com um ace. No fim da partida, ele sai correndo, gritando para todo mundo:

– Vamos para Milão, pessoal, Bruno vai pagar! – diz em meio às risadas do grupo, de Lorenzetti e da comissão técnica.

As semanas seguintes são muito intensas, tanto do ponto de vista físico quanto do mental. O aqui e agora é nosso foco: nós nos esforçamos tanto que, mesmo sem ninguém dizer nada, está claro para todos que no fim da temporada se encerrará um ciclo que se iniciou no ano anterior. Sabemos que existe apenas uma forma de finalizar uma temporada como a que estamos vivendo: ganhando o *scudetto*.

Enfrentamos o Trento na semifinal, mas agora sabemos como derrotá-los. Fechamos a série no jogo 4, na casa deles. Mas não há tempo para comemorar: toda a nossa concentração vai para o *grand finale* dos play-offs, no qual o Perugia nos espera.

É difícil explicar o que é o PalaPanini durante a terceira partida da série, aonde chegamos após vencer os primeiros dois jogos por 3 a 0 e 3 a 2. Naquele 8 de maio de 2016, sentimos as paredes dos vestiários tremerem duas horas antes do apito inicial. Estamos concentrados, sabemos que somos os melhores e que, mesmo se perdermos aquela partida, ainda teremos mais duas chances de trazer o troféu para casa. Ainda assim, a tensão é visível: ninguém fala, não voa uma mosca.

Em determinado momento, Lorenzetti diz que quer nos mostrar um vídeo. Vamos para a sala de projeção, as luzes se apagam, e vemos surgir na tela uma figura estranha: um *diabo*. Demoro alguns segundos para me dar conta de que se trata do nosso *scout* Roberto Ciamarra fantasiado. O vídeo é a última invenção do técnico Lorenzetti. Trocamos olhares achando graça, a agitação dando lugar à curiosidade.

– É isso, pessoal – Lorenzetti começa. – Esse é o demônio que está dentro da nossa cabeça. Ele representa todos os pensamentos negativos que temos, aqueles pensamentos que às vezes surgem durante um jogo. Se agora cada um de nós começar a falar com Roberto, se lhe dermos corda, perderemos muita energia e provavelmente será ele a dar a última palavra.

Começamos a entender aonde nosso treinador quer chegar. Nós o escutamos sorrindo, mas concentrados em suas palavras.

– E qual é a maneira de superar os pensamentos negativos? Estando juntos, conversando uns com os outros. Ao compartilhar as emoções, podemos vencer os demônios e continuar concentrados no aqui e agora. – Uma pausa. – Concordam?

Concordamos. E estamos prontos para entrar em quadra. O Templo é uma multidão amarela que nos acolhe. A disputa segue em uma intensidade enlouquecedora. O Perugia joga o tudo ou nada para tentar esticar a série, e em dado momento do tie-break estamos perdendo de 8 a 3.

– Pessoal, um ponto de cada vez – Lorenzetti nos diz durante o tempo. – Se jogarmos sem medo, venceremos a partida.

E, de fato, vencemos. Numa evolução sem fim, vamos subindo e fechamos o set em 15 a 13: o Modena volta a ser campeão da Itália depois de 14 anos. E a tríplice coroa é nossa.

Quando o saque de Atanasijević toca a fita e cai na quadra do Perugia, eu explodo em lágrimas abraçado com Lucão. Ngapeth também chora, de joelhos, e logo depois nos jogamos em cima dele. O que vem em seguida é uma noite inesquecível: estamos juntos com Modena inteira, um abraço coletivo, extraordinário, grande como somente Modena sabe ser. No dia seguinte há um evento do patrocinador no PalaPanini, depois fazemos um churrasco nosso. A comoção domina tudo. Aquele ciclo se fecha, e, como sempre, quando as coisas boas acabam, eu choro.

Como foi especial fazer parte de um grupo tão coeso. E como foi importante ter alguém que nos fizesse aprender tanto e que nos guiasse nos momentos mais difíceis.

Querida Modena, como eu te amo.

8

UM ABRAÇO DE OURO

Depois de viver a alegria pelo *scudetto*, toda a minha concentração se volta para a seleção. A minha nova chance, aquela para a qual Lorenzetti havia prometido me preparar, me aguarda: Rio 2016, a Olimpíada acontecerá na minha casa.

O Brasil que se apresenta para a Olimpíada do Rio é um time que emergiu de uma enorme renovação geracional, perdendo líderes do porte de Giba, Ricardo, Rodrigão. Além disso, a ausência de títulos no último quadriênio foi dura com uma seleção acostumada a vencer como a nossa: fomos derrotados na final do Mundial de 2014 (pela Polônia) e nas finais da Liga Mundial de 2013 e 2014 (pela Rússia e pelos EUA, respectivamente), enquanto em 2015 nem sequer nos qualificamos para as semifinais. As únicas alegrias foram os campeonatos Sul-americanos conquistados em 2013 e 2015 e a Grand Champions Cup em 2013.

Assim, chegamos à Olimpíada com um rótulo incômodo de grupo que não sabe ganhar. Somos aqueles que ficam em segundo lugar. E ficar em segundo lugar, no esporte, principalmente no Brasil, significa que não somos vencedores. "A geração anterior conquistou o ouro, para esta sempre falta a última arrancada", dizem. Somos constantemente comparados ao time que venceu tudo, sobretudo a Olimpíada de 2004. Isso é uma grande responsabilidade para nós.

As preliminares do torneio olímpico é a fase final da Liga Mundial, programado para a Cracóvia um mês antes do início dos jogos. Nós chegamos lá com garra, com oito vitórias e uma única derrota na fase de grupos, e queremos aproveitar a oportunidade para nos livrar desse rótulo de "equipe de prata". Em relação a mim, estou em forma, sinto-me no auge: acabei de encerrar uma ótima temporada com o Modena. Do ponto de vista psicológico, é a situação ideal.

Em Cracóvia somos 15: os dois opostos são Wallace e Evandro; no levantamento somos eu e William; os dois líberos são Sérgio e Tiago Brendle; no centro, temos Lucão, Maurício Souza, Éder e Isac; enquanto os ponteiros são cinco: Maurício Borges, Lipe, Douglas, Lucarelli e Murilo. Desses 15, ao término da final da Liga Mundial, restarão 12, porque são apenas 12 vagas disponíveis para o Rio. Em resumo, após meses e meses de união, três de nós não disputarão os jogos olímpicos em casa.

As dúvidas giram em torno de dois jogadores experientes do calibre de Sérgio e Murilo, dois totens desse grupo com quem compartilhei muito do que vivi na seleção. Sérgio não está mais em seu melhor momento e se reveza com o segundo líbero durante toda a Liga Mundial. Na semifinal (que ganhamos por 3 a 1 contra a França), ele não joga bem, e a comissão técnica decide deixá-lo fora da final para testar se pode confiar em Tiago Brendle para os jogos grandes. Murilo passou os últimos meses atormentado por problemas musculares, então há muitas dúvidas ligadas ao seu estado físico.

Uma certeza eu tenho: qualquer que seja a decisão, será um grande golpe para mim. Além de ambos serem atletas extraordinariamente bons, são exemplos, amigos, companheiros de muitas batalhas. São de longe os dois jogadores que mais observei em busca de inspirações técnicas e mentais. São os modelos que me acompanharam até ali.

Chegamos à final com um percurso irretocável, mas, uma vez lá, perdemos. De novo. Um 3 a 0 seco contra a Sérvia, daqueles que machucam muito. Somos prata mais uma vez.

Nem sequer temos tempo de digerir o resultado negativo e já é hora das escolhas. Assim que termina o cerimonial das premiações, voltamos para o hotel. Bernardinho e a comissão técnica decidem quem vão salvar e quem vão dispensar. Após ter comunicado sua decisão aos três cortados, eles convocam todos nós na sala de reuniões do hotel.

– Em primeiro lugar, quero agradecer a todos vocês por terem trabalhado de forma implacável ao longo desses meses – começa Bernardinho com voz baixa, porém firme. – Mas, como vocês sabem, só podemos levar 12 jogadores à Olimpíada. Quando voltarmos ao Brasil, três de vocês estarão fora.

Ele fala devagar os nomes dos excluídos. Isac é o primeiro. Éder vence a concorrência para a vaga de central graças, também, a uma prova digna de protagonista na semifinal contra a França. Ele é um assíduo na seleção, mas até aquele momento ainda não havia tido a oportunidade de disputar uma grande competição. Foi o último a ser cortado na véspera dos Jogos Olímpicos de 2008 e de 2012, e também do Mundial de 2010. Éder é um lutador que, desta vez, é recompensado por sua dedicação.

O segundo excluído é o líbero Tiago Brendle. O que significa que Sérgio está dentro. Falta a última decisão, a mais difícil. Aqueles poucos segundos que parecem infinitos.

– O terceiro é o Murilo.

A comissão técnica escolheu Douglas. Meu olhar cruza com o de Murilo assim que Bernardinho pronuncia seu nome, e custo a acreditar que ele não estará comigo, conosco, no momento que esperamos há anos. Na sala paira um silêncio mortal.

– Estou decepcionado – é só o que Murilo consegue me dizer quando vou até ele, após a reunião. – Apesar dos problemas físicos, eu achava que ainda podia ser útil para esse grupo, para o nosso sonho.

Não sei o que dizer, não consigo encontrar as palavras certas. Então faço a única coisa que se pode fazer com um amigo que acabou de viver uma decepção: eu o abraço e choramos juntos.

No ônibus que nos leva ao aeroporto na manhã seguinte, ninguém tem vontade de falar. É um clima de velório. Além do choque pelos três cortados do grupo, há a desilusão pela enésima derrota em uma final. É sobre isso que Wallace conversa comigo na sala de espera.

– Nós sempre chegamos às finais, para então perdermos – ele me diz. – Trabalhamos feito doidos, mas no dia em que devemos colher os frutos de todo o nosso empenho não conseguimos dar o último passo. Não entendo por quê.

As dúvidas do maior pontuador do time, o oposto que é capaz de resolver as situações mais complicadas, são as mesmas que passam pela minha cabeça. Mas desta vez consigo dar uma resposta. Eu a encontrei graças à minha fé: em Deus, em quem me rodeia, em quem me ama. Além do trabalho com Giuliano, a fé me ajudou a encontrar o equilíbrio mental e emocional depois do momento sombrio que vivi em 2012.

– O momento vai chegar – eu digo a Wallace. – Tenho certeza de que existe algo para nós. Agora está escondido, não vemos, mas existe. Precisamos acreditar nisso.

Essa é uma ideia que passou a me acompanhar, fruto da minha experiência de ressignificar os momentos vividos no esporte. Se você procurar fazer tudo da melhor maneira, com espírito, dedicação, comprometimento e caráter, no fim das contas vai colher os frutos das sementes que semear. É isso que faz a diferença quando a bola toca a fita e cai do lado de cá ou do lado de lá da rede.

Enquanto esperamos o voo, analiso o momento junto com Sérgio também. Sobre uma coisa não temos dúvidas: o grupo precisa relaxar um pouco. É 18 de julho, e dali a exatamente 19 dias, em 7 de agosto, é nossa estreia. A partir desse momento, não podemos errar mais nada; a cabeça e os nervos terão um papel determinante. O programa prevê que retomemos o trabalho em Saquarema por uma semana para, depois, ir direto para a vila olímpica.

– Precisamos de ar – Sérgio me diz, e eu concordo com ele.

Antes de embarcarmos, tentamos falar sobre isso com meu pai. Queremos convencê-lo a dar uma pequena folga ao time. Sabemos que será muito difícil que ele atenda ao nosso pedido, porque Bernardinho acredita fortemente, obstinadamente, na ética do trabalho, sobretudo na véspera de um compromisso tão importante, mas não nos damos por vencidos.

– Não queremos minimizar o empenho que você espera de nós, pelo contrário – dizemos. – Mas este grupo, neste momento, precisa de uma pausa. Estamos pedindo só dois dias a mais para recarregar as energias para a Olimpíada.

– E vocês acham que é o que deve ser feito nesse momento? – pergunta ele.

– Confie em nós.

Sua expressão é firme, séria; sua cabeça já está inteiramente voltada para os Jogos Olímpicos. Ele nos analisa por alguns instantes e então nos surpreende:

– Tudo bem, vocês vão ter cinco dias de folga antes de nos encontrarmos em Saquarema, e, quando estivermos na concentração, suas famílias poderão ficar com vocês.

Quando terminam os dias que passamos na companhia dos entes mais queridos, nossa moral está a mil e as baterias, recarregadas.

> > >

A fórmula do torneio olímpico prevê dois grupos de seis seleções, com os quatro primeiros colocados de cada grupo indo para as quartas de final. Nossa chave é difícil, contra equipes ambiciosas e sólidas como Itália, EUA e França. Não demoramos a perceber que enfrentaremos dificuldades: dois dias antes do jogo de estreia contra o México perdemos Maurício Souza. O central sofre uma lesão na perna e deverá perder pelo menos as três primeiras partidas, mas a comissão técnica resolve esperar e não convoca ninguém em seu lugar.

Às 13h de 7 de agosto, com o Maracanãzinho transbordando de gente, a tensão é imensa. Eu já havia participado de duas Olimpíadas, mas logo me dou conta de que em casa é diferente, é outro mundo. Na entrada para o aquecimento fico sem palavras: há uma imensidão verde-amarela que nos incentiva e espera muito de nós. Seremos capazes de empolgá-los? De enlouquecê-los? Eu me pergunto isso, todos nos perguntamos.

Ganhamos as duas primeiras partidas, contra o México e o Canadá, ambas por 3 a 1. Na terceira, enfrentamos os Estados Unidos, e, para eles, é um confronto quase decisivo, porque nos primeiros dois jogos sofreram derrotas (contra Canadá e Itália). Pressionados, os americanos jogam a partida perfeita e nos ganham por 3 a 1. Quando também perdemos o jogo seguinte, contra a Itália (de novo por 3 a 1), começam a surgir as primeiras dúvidas em nossa cabeça.

A última partida da primeira fase, contra a França, é um jogo de vida ou morte. A única seleção que já tem uma vaga garantida nas quartas é a Itália. O México já está fora, enquanto Brasil, Canadá, EUA e França estão todos com dois jogos ganhos e dois perdidos. Uma dessas quatro equipes será eliminada.

Vivo as horas que nos separam daquele desafio decisivo com muita ansiedade, a cabeça sempre indo aonde não deveria.

E se formos eliminados? E se depois de três Olimpíadas em que chegamos até o fim sairmos antes das quartas? E se passarmos essa vergonha justamente na edição em casa?

Ao me deixar levar por esses pensamentos, sei que eu mesmo me prejudico, mas tenho dificuldade de me controlar. Então ponho em prática os exercícios com Giuliano, respiro e conto...
Vamos, Bruno... Um, dois, três, quatro...
E assim por diante, até cem.

>>>

Na véspera da partida, estamos todos reunidos quando Sérgio começa a falar:
– Pessoal, o jogo contra a França, para mim, não tem um dia seguinte. Para muitos de vocês haverá outra chance, mas eu não terei outra, eu paro aqui. Conheci a alegria do ouro e a amargura da prata, e esse é meu último espetáculo. Nos últimos meses vocês me pediram ajuda para muitas coisas porque sou o jogador mais velho do time, hoje sou eu que peço ajuda a vocês. É como se eu estivesse na UTI, não quero que tudo acabe. Sair da seleção sem esse ouro, para mim, é como morrer.

Suas palavras são um soco no estômago, principalmente porque sabemos que ele não faz essa comparação à toa: Sérgio viu seu filho nessa condição, internado na UTI. Mal conseguimos segurar as lágrimas. Nos levantamos e o abraçamos, um sentimento forte de que nossa aventura não iria acabar contra a França.

Quando entramos na academia para o treino, acontece o segundo discurso inesperado do dia.

– Antes de começarem a se aquecer, venham todos aqui, quero falar com vocês – Bernardinho diz. – Depois do treino, por volta das 19h, chamem suas famílias, vamos jantar no Delírio Tropical.

Jantamos todos juntos no restaurante que fica no shopping em frente à academia onde estamos treinando e que faz parte de uma rede da qual meu pai é sócio. E essa concessão por parte de um homem determinado como ele nos pega totalmente de surpresa, sobretudo em um momento tão delicado. Entendo que a ideia dele é aliviar a tensão, usando o mesmo combustível que nos foi tão útil em Saquarema, quando recebemos nossas famílias.

A atitude de Bernardinho com esse grupo mudou a partir de 2015. Antes, ele tratava essa geração de atletas como a geração anterior, não percebendo que essa conduta não funcionava mais. Um dia, como capitão, eu o enfrentei, com firmeza.

– Pai, assim não dá – eu disse na época. – Esse grupo tem personalidades e temperamentos diferentes. Lucarelli não é o Giba, você não pode achar que a mesma estratégia de alta tensão que usava com o Giba, feita de embates e brigas, vai funcionar com o Luca. Precisamos de outra abordagem.

Para obter o máximo de um jogador, antes de mais nada é preciso entendê-lo e encontrar a melhor maneira de valorizá-lo: é um princípio que aprendi com o tempo e com o trabalho de autoconhecimento que fiz depois de Londres. Meu pai sabia disso também, é claro, mas é possível que tenha tido a ideia de nos levar para jantar na véspera de um jogo decisivo por causa da conversa que tivemos naquela ocasião. A noite no restaurante é tranquila, e por algumas horas a tensão realmente diminui.

No dia seguinte, quando chegamos ao Maracanãzinho, vemos os franceses assistindo a Itália x Canadá. Depois da vitória dos EUA sobre o México, primeira partida da rodada, uma vitória italiana poderia manter viva tanto a França quanto nós: com um tie-break, ambas as seleções poderiam se classificar. Faço um gesto para cumprimentar Ngapeth; após termos compartilhado dois anos e meio de vestiário no Modena, agora meu amigo e eu nos enfrentaremos em uma disputa mortal. Decido sair dali, convencido de que acompanhar aquele jogo é um desperdício de energia. Todos nós sabemos que a Itália não vai forçar, porque para ela é mais interessante perder e ver a eliminação da França ou do Brasil. Não temos que pensar no resultado daquela partida;

nosso foco deve ser a vitória contra a França independentemente de todo o resto.

> > >

– Pessoal, vamos nessa – são as primeiras palavras de Bernardinho quando chega ao vestiário. – Quero que vocês se concentrem somente em cada ponto, cada ação, cada escolha que fizerem em quadra. Só nisso.

Pouco antes do início do jogo, chega a notícia da vitória do Canadá: está tudo nos nossos ombros. Ganhamos o primeiro set por 25 a 22 e perdemos o segundo pelo mesmo placar. Em seguida reencontramos a inspiração e vencemos o terceiro set por 25 a 20.

Quando trocamos de lado e estamos a apenas um set das quartas, o locutor do ginásio anuncia:

– No estádio Olímpico, Thiago Braz ganhou a medalha de ouro no salto com vara saltando 6,03 metros.

A arena explode em uma gritaria que sacode até as paredes, comemorando a vitória do nosso compatriota. Um sinal? Não sei, mas certamente o clima fica ainda mais quente e nós buscamos energias que nem sequer sabíamos ter.

O quarto set é disputado. Vou para o saque com 23 a 22 para a França, que confia em Rouzier. Mas ele ataca para fora e o técnico francês pede o VAR por um toque no bloqueio – que não existe, então empatamos em 23 a 23. Na jogada seguinte os franceses trocam de ponteiro, põem Kévin Tillie em quadra, mas seu ataque é defendido e em seguida Wallace põe a bola no chão: 24 a 23 para a gente. Estamos no match point, e eu ainda estou no saque. O momento é tenso, mas mando a bola para o lado de lá. Rouzier ataca de novo: dessa vez uma diagonal profunda, na minha zona de defesa. Vejo a bola passar por cima do meu ombro, não vou nela, e ela acaba fora: 25 a 23.

Vamos para as quartas, estamos vivos. Esse jogo com a França é um marco na minha carreira, o *momento decisivo* de uma geração inteira. Se tivéssemos perdido, seríamos crucificados como um time de perdedores.

Caio de joelhos de tanta alegria, é um sentimento de total libertação física e mental, é lindo demais. Depois do último ponto, nosso estado de espírito e a perspectiva pela qual vemos toda a Olimpíada muda radicalmente. Saímos do buraco onde estávamos enfiados, com a consciência de que agora vem o melhor, agora é a nossa vez. Nós nos sentimos mais fortes.

No trajeto de ônibus para a vila olímpica, William, o outro levantador, me faz uma confissão:

– Nunca tinha sentido um nervosismo desses, Bruno, nunca. Uma ansiedade inacreditável, não consegui nem almoçar hoje.

Eu entendia muito bem do que ele estava falando.

Terminamos a primeira fase em quarto lugar, com a última vaga, e nas quartas de final encontramos a Argentina, primeira do outro grupo. O que nos espera é uma partida altamente tensa, com uma rivalidade esportiva histórica entre os dois países.

A falta de sorte dá seu sinal também: Lucarelli não está bem para jogar. Durante a partida contra a França, um problema na perna direita que o atormentava havia dias se tornou insuportável. Ele vinha jogando com dor desde o início do torneio, mas no fim da primeira fase acabou pagando uma conta muito alta. A ressonância confirma a lesão muscular. Mas mesmo assim ele está no banco contra a Argentina. Como faz um verdadeiro guerreiro, ele cerra os dentes e não desiste da luta. No quarto set, quando estamos à frente por 2 a 1, Lipe sente a coluna, obrigando Lucarelli a voltar à quadra apesar da dor.

Assisto ao ponto decisivo do banco: Evandro entra no meu lugar no 24 a 23 a nosso favor para aumentar o bloqueio. De Cecco, levantador argentino com mãos mágicas, ataca de segunda, mas

William (que entrou na zona de defesa no lugar de um central justamente para isso) consegue defender, a bola é jogada alta para Wallace, que, mais uma vez, decide a partida. Essas vitórias têm uma marca clara, indelével: somos uma equipe, e quem entra até mesmo só para fazer uma jogada, como William nesse caso, sabe que é fundamental. Não existe nada mais bonito do que isso. As vitórias em equipe são as mais lindas de todas, de longe.

Na semifinal enfrentamos a Rússia, a mesma Rússia que nos fez sofrer a humilhação de Londres. O grupo deles foi parcialmente renovado, embora alguns rostos sejam nossos velhos conhecidos. Lá estão o levantador Sergey Grankin, o oposto Maxim Mikhaylov e o central Alexander Volkov. O treinador também não mudou: na beira da quadra vejo Vladimir Alekno.

Desta vez, porém, não perdemos tempo: estamos com muita fome e fechamos a partida em três sets.

Entre nós e o ouro, agora, há somente a final. É o momento de nos recuperarmos das decepções dos últimos anos, dos muitos segundos lugares que minaram nossas certezas. Estou convicto de que chegou o nosso momento. É uma convicção forte, que não aceita réplicas, fruto do trabalho que desenvolvi com Giuliano e que fortaleci graças a Gilberto, o psicólogo que vem nos acompanhando na seleção.

Em 20 de agosto, véspera do nosso confronto, ocorre a final do torneio de futebol. Em campo está Neymar, e sei que, para ele, conquistar o ouro é tão importante quanto para mim. Quatro anos atrás, em Londres, ele também estava lá e viveu uma situação semelhante à minha, perdendo a final por 2 a 1 para o México, 24 horas antes da nossa derrota contra a Rússia. Conversamos muito sobre a nossa desilusão, nossos arrependimentos, e fizemos uma promessa um ao outro: "No Rio tentaremos de novo, juntos. Vamos ganhar o ouro na frente do nosso povo."

E naquela tarde Neymar de fato leva a sua missão até o fim: o

Brasil ganha da Alemanha nos pênaltis, e o chute decisivo é dado justamente por ele.

Agora é a minha vez.

Naquele 21 de agosto de 2016, programo o despertador para 8h30, mas às 8h já estou de olhos arregalados. É inútil continuar na cama; vou para o banheiro e me olho no espelho: no meu rosto só vejo determinação. Então dou uma olhada pela janela, o vidro está riscado pela chuva.

Começo a rir sozinho, enquanto me vem à cabeça uma lembrança dos tempos de Florianópolis. Nossa arena de 2.500 espectadores estava um pouco avariada, e cada vez que chovia pingava água do teto, formavam-se poças na área de jogo e às vezes tínhamos até que interromper a partida. Óbvio que as equipes adversárias tinham dificuldade para jogar naquelas condições, enquanto nós já estávamos acostumados. E, assim, nosso massagista Kleevansostins inventou o ditado: "Choveu, é nosso!" E aqui no Rio é justamente Kleevansostins, o homem das mãos de ouro, quem está conosco na seleção.

Quando entro no ônibus, o primeiro olhar com que cruzo é o dele, sentado nas primeiras fileiras. E o que ele me diz?

– Bruno, está chovendo... – E ri.

Na final vamos enfrentar uma Itália forte, que venceu os EUA em uma semifinal épica por 3 a 2. Zaytsev no saque é arrebatador, e os americanos sucumbiram sob seus golpes. No início estamos todos muito tensos, e tanto eu quanto Giannelli, o levantador italiano, somos imprecisos nos primeiros pontos.

Essa hesitação inicial é uma confirmação da importância do jogo, mas é também um exemplo de como meu comportamento em quadra mudou em relação a quatro anos antes. Rir de mim mesmo em situações difíceis ou momentos muito tensos foi algo que aprendi no meu trabalho com Giuliano. Em vez de me culpar pelos erros e "sair do jogo", viro-me para Giannelli e sorrio para ele. É uma partida crucial para nós dois, e ambos sabemos disso muito bem.

Embora o primeiro set esteja pendendo para os italianos em 14 a 11, somos nós que vencemos, por 25 a 22. No segundo, Wallace anula um set point para a Itália antes de fechá-lo em 28 a 26 para nós. Estamos à frente por 2 a 0, e o Maracanãzinho inteiro nos incentiva, uma imensidão com as cores da nossa bandeira.

No momento da troca de lado, sento-me no banco antes do início do terceiro set, e minha mente me leva de volta para quatro anos atrás.

E se tudo terminar como em Londres? E se eu entrar em crise e eles virarem o jogo?

Os três minutos de pausa parecem durar quatro anos, tempo suficiente para projetar na minha cabeça as imagens de 1.460 dias vividos em uma montanha-russa de emoções.

Não. Não agora.

Eu tomo coragem, obrigo-me a escutar aquela voz e reconhecê-la pelo que ela realmente é: um daqueles pensamentos intrusivos, automáticos, produzidos pela mente. Faço alguns exercícios de respiração, volto a focar no objetivo. Desta vez não há lugar para pensamentos negativos. Tenho que pensar no aqui e agora, devo pensar em cada ação.

Uma ação de cada vez, Bruno, uma de cada vez. Sou mais forte que todos os obstáculos, sou mais forte que todos os obstáculos.

O terceiro set é uma luta ponto a ponto. Em 25 a 24, com match point para nós, eu saio porque Bernardinho escolhe aumentar o bloqueio. Estou tão concentrado no jogo que não me junto aos meus companheiros que estão de pé em frente ao banco; fico do lado da quadra, olhar fixo no que acontece diante de mim e me preparando para voltar à quadra caso não fechássemos o jogo.

Quem vai para o saque é Wallace. Lipe bloqueia o ataque italiano e a bola toca o chão. Vencemos.

Solto um grito de alegria, mas também de raiva. Eu cuspo para fora quatro longuíssimos anos de frustração e, ao mesmo tempo, sou invadido por algo indescritível: a sensação de que realizei o sonho de infância, aquela criança que desde os 5 anos repete que quer ganhar uma Olimpíada. E agora aconteceu.

Eu abraço Sérgio, meu guia, e choramos juntos lágrimas doces. Então busco o olhar e o calor de Bernardo, meu pai, meu treinador, meu mestre. Naquele momento vejo na arquibancada minha mãe, minha família, meus amigos. E lá estão Alessandra e Giuliano, Guiga, Thiaguinho, lá estão aqueles que sempre me amaram, que me viram no chão e me ajudaram a me reerguer. Lá está Neymar, e corro ao encontro dele. Nosso abraço vale mais que mil palavras: juntos sofremos em Londres, juntos vivemos a emoção de vencer um ouro diante da nossa gente.

Ao pódio levo comigo a inseparável bandeira do Brasil: ela representa minhas origens, é o símbolo da minha identidade, me une a todo um povo que através do esporte procura redenção.

Quando o hino nacional começa, ergo os olhos para a arquibancada. Estou na mesma arena que em 2007 me recebeu com vaias, mas agora tenho uma medalha de ouro no peito, e ao meu redor só ouço aplausos, alegria, êxtase. É difícil dizer o que é a felicidade, mas se alguém me perguntasse agora eu não teria dúvida: é botar o ouro no pescoço enquanto a bandeira verde-amarela é hasteada. Somos 12 jogadores, um ao lado do outro, que o destino uniu em um momento mágico, um grupo que permanecerá sendo uma Equipe pelo resto da vida.

É o último jogo de Bernardinho no comando do Brasil. Ele e eu nos abraçamos, como treinador e capitão, como pai e filho. Um abraço que rasga o tempo, um gesto que é também um rito de passagem: não sou mais apenas o filho do Bernardinho. Agora sou Bruno, o capitão da seleção que venceu o ouro no Rio e fez o Brasil enlouquecer.

9

UM ANO PARA ESQUECER

A alegria da Olimpíada me acompanha por toda a temporada 2016-2017. É uma festa itinerante que começa em setembro para comemorar o sucesso olímpico e a despedida da seleção de Sérgio, o grande, imenso Sérgio. Foi muito graças àquele seu discurso carregado de emoção e garra que conseguimos superar um dos momentos mais difíceis dos jogos do Rio e escalar até o ouro.

Em um final de semana temos dois amistosos contra Portugal. A previsão de público é tão alta que disputamos as duas partidas em estádios de futebol. Uma em Curitiba, com 30 mil pessoas, e a outra, domingo de manhã, em Brasília, onde há 40 mil torcedores. São dois dias emocionantes em que recebemos, mais uma vez, o afeto de todo o nosso povo, uma sensação única.

Sinto esse entusiasmo durante a temporada inteira que disputo no Sesi São Paulo. Comigo na equipe estão alguns companheiros que participaram da conquista do ouro, como Lucão, Sérgio, Douglas, além de outros que não estavam presentes, mas com quem compartilhei a camisa verde-amarela tantas vezes, como Sidão, Théo e Murilo.

Estou curioso para ver como vou reagir em quadra. Como será o meu comportamento após realizar o grande sonho da minha carreira? Depois de ter superado a obsessão que me atormentava desde Londres, depois de ter vencido em frente ao meu público, ainda serei capaz de me esforçar ao máximo por cada ponto, de dar o sangue só para não deixar uma bola cair?

A resposta chega na primeira partida do campeonato paulista. Naquele dia, quando saio do vestiário, não consigo identificar meus sentimentos e meu nível de tensão. Começo o aquecimento, toco as primeiras bolas, ergo o olhar para as arquibancadas, sinto o calor do público... Então o juiz apita, e entendo imediatamente que nada mudou. O espírito competitivo continua presente, ainda sinto a adrenalina e a ansiedade que definem a paixão que tenho pelo meu esporte.

Ainda sou eu mesmo. Ainda tenho fome.

A arena onde jogo fica próxima de Campinas, portanto da casa da minha mãe, e a menos de uma hora de voo do Rio, onde meu pai treina o time feminino do Sesc. Depois de passar tanto tempo rodando o mundo, estou de volta perto da minha família e dos meus amigos. É uma sensação muito boa, quase como voltar a ser criança. Acho que é por isso, também, que vivo os últimos meses de 2016 e os primeiros de 2017 como se fossem uma longa descompressão: após quatro anos emocionalmente difíceis, depois do estresse da Olimpíada em casa, enfim posso respirar. Cada jogo é uma oportunidade de aproveitar a grande onda da vitória e promover o vôlei e o esporte no Brasil.

Do ponto de vista dos resultados, infelizmente, a temporada no Sesi não é das melhores porque muitos dos meus companheiros se machucam. Mas os momentos prazerosos fora de quadra me ajudam a lidar melhor até com os problemas no time. De todo modo, fechamos a temporada regular em terceiro lugar, qualificando-nos aos play-offs, nos quais eliminamos o Minas nas quartas com três vitórias. Paramos na fase seguinte, na quarta partida da semifinal, contra o Taubaté – o mesmo time que nos derrota também na final da Copa do Brasil.

No primeiro semestre de 2017 começo a me dar conta de que para minha carreira os campeonatos italianos e europeus são mais competitivos, e, portanto, mais desafiadores. Continuo acompanhando os resultados do Modena e, quando o fuso horário permite, costumo falar com Ngapeth e Petrić, dois dos companheiros com quem venci a tríplice coroa italiana na temporada anterior. Durante um tempo, tenho a impressão de que tudo está correndo muito bem por lá: triunfo na Supercopa; fim da primeira fase a apenas dois pontos do líder, Civitanova; vitórias em confrontos diretos com os outros grandes times. Mas no Modena é assim: basta um passo em falso e parece que o mundo vai acabar. Então, depois da derrota na semifinal da Copa Itália e um período não muito bom, o treinador Piazza é demitido.

É nesse momento que o clube entra em contato comigo.

– Bruno, se existir a possibilidade de você voltar... – me diz Andrea Sartoretti, o diretor-geral, em um telefonema.

Embora eu estivesse bem no Brasil, o convite de Sartoretti vem ao encontro do que eu já estava sentindo. Converso com as pessoas mais próximas e decido voltar.

> > >

Em 24 de setembro de 2017 aterrisso no aeroporto Guglielmo Marconi, em Bolonha, cidade vizinha a Modena. Quem me espera, além da presidente Pedrini e do diretor-geral Sartoretti, são os torcedores. Uma mancha amarela invade o aeroporto e me abraça calorosamente. O ano que passei do outro lado do oceano não nos afastou; o sentimento e o fascínio entre nós são os mesmos daquela época, e são absolutamente especiais.

– Estou emocionado, esta recepção é a confirmação, a certeza de que fiz a escolha certa. – São as minhas primeiras palavras no aeroporto. – E sou sortudo, pois tenho uma cidade, um clube que vive uma paixão e me escolheu para levá-la adiante.
– A história do nosso clube com você é especial. É a história de um grande amor, vamos aproveitar esse momento – declara a presidente.

Assim, volto pela terceira vez à minha segunda casa, a casa italiana.

À minha frente tenho um novo desafio que me fascina: trazer novamente um troféu para o Modena, voltar a abraçar meu grande amigo Ngapeth e conciliar meu jeito de viver o vestiário com os princípios do técnico búlgaro Radostin Stoychev. No passado tivemos alguns embates verbais como adversários. Ele tem um estilo muito severo e é pouco propenso a criar uma relação profunda com os jogadores. Sua tarefa é levar a equipe ao topo de novo.

Antes do início da temporada, em uma entrevista para a *Gazzetta dello Sport*, afirmo:

– São coisas do esporte. Talvez eu tenha sido um pouco agressivo, mas ele é um treinador vencedor e eu sou um profissional. Nunca tivemos a oportunidade de conversar pessoalmente. Talvez se trate de uma questão de rivalidade de adversários, e isso pode mudar.

Meu primeiro contato com Stoychev tinha acontecido no início de junho, alguns meses antes da minha chegada a Modena. Durante uma rodada da Liga Mundial que o Brasil jogou em Varna, na Bulgária, aproveitamos para nos conhecer. Batemos um papo cordial, ele me contou suas ideias, o que desejava do time. Não conversamos por muito tempo, mas no geral tive a impressão de que as nossas diferenças diminuíram.

Desde a pré-temporada, tento seguir ao máximo o que Stoychev pede, embora seja um pouco diferente do meu modo de pensar e trabalhar. Por exemplo, quando vem a primeira derrota da temporada, o técnico nos mostra um relatório de uma hora no vestiário, com as estatísticas de cada um. Eu não concordo com essa maneira de administrar a derrota, não acho que seja construtivo nem funcional, sobretudo porque, no fim da partida, não temos a serenidade e a lucidez necessárias para compreender aquilo. De todo modo, ele é o treinador e faço de tudo para me adequar.

Infelizmente minha terceira aventura no Modena se transforma rapidamente em uma temporada difícil, com episódios contínuos que minam a tranquilidade do ambiente. Se no ano da tríplice coroa os obstáculos fora de quadra uniram jogadores e comissão técnica, agora é tudo muito diferente. O primeiro abalo acontece entre o fim de novembro e o início de dezembro. Na semana da partida em Trento, alguns companheiros e eu saímos para comemorar um aniversário. Estamos tranquilos, porque na manhã seguinte temos folga. Quando saímos do bar, Ngapeth é parado pela polícia em uma blitz de trânsito: teste do bafômetro positivo e carteira de motorista apreendida. Ele avisa de imediato a presidente Pedrini e o diretor-geral Sartoretti, e eles informam o treinador na mesma hora.

Tentamos blindar Ngapeth, deixar esse episódio fora da quadra, e os treinos seguintes acontecem normalmente, até que domingo chegamos a Trento para a grande partida. Jogamos no mesmo nível, estamos à frente por 2 a 1, e no quarto set chegamos a 24 a 24. No fim, porém, perdemos a parcial e depois o tie-break. Em dez dias de campeonato é nossa segunda derrota.

Dois dias depois, a notícia da apreensão da carteira de motorista de Ngapeth se torna pública, está em todos os jornais. Nossa blindagem enfraquece e o destino do meu amigo está nas mãos do técnico. O Modena emite um comunicado dizendo que desaprova qualquer comportamento não condizente com os valores que o clube professa e que aplicará sem hesitação seu código de ética. Fica evidente que não há a menor intenção de fazer o grupo se unir, e todos percebemos que uma tempestade se aproxima.

A relação entre time e treinador desanda de vez antes do Natal. Após vencermos em Perugia no dia 17 por 3 a 0, o clube nos dá dois dias de folga, e no fim desse período Ngapeth volta para Modena com 24 horas de atraso. Com isso tem início um sério confronto entre time, técnico e clube, mas eu acredito que o racha pode ser resolvido antes do último jogo do primeiro turno, em 26 de dezembro, contra o Padova.

Não é o que acontece: Ngapeth e o irmão são afastados do time. Jogamos a partida com o Padova sem os dois e perdemos por 3 a 1. O público nos vaia e nos acusa de perder de propósito para jogar o treinador na fogueira. Essa acusação ainda é uma ferida aberta para mim.

Por sorte, meu pai estava em Modena para passar o Natal comigo.

– Earvin e Swan querem ir embora e a torcida está contra nós – desabafo com ele naquele momento tão difícil. – Não sei como lidar com a situação.

Ele estava na arena no dia da derrota contra o Padova, portanto entende bem minhas palavras. Tem os olhos preocupados de um pai que quer ajudar o filho, mas também é um grande treinador que nunca ousaria se intrometer em uma situação tão delicada dentro do time.

– Bruno, fique tranquilo – ele se limita a dizer. – Você é o capitão. Deve procurar trabalhar bem todos os dias e ajudar seus companheiros. Foque no vôlei, na equipe, e deixe todo o resto de lado.

As palavras dele estão corretas, eu sei, mas a verdade é que tenho uma enorme dificuldade para digerir aquilo, dentro e fora da quadra. Não consigo conviver com uma pessoa que tem uma concepção do trabalho e das relações diametralmente oposta à minha: para mim, transparência, diálogo e respeito são pontos fundamentais.

Em janeiro, mesmo com a volta dos irmãos Ngapeth, perdemos na semifinal da Copa Itália, em Bari. É a segunda meta da temporada que não cumprimos.

O moral do grupo atinge o patamar mais baixo. Não há um dia em que alguém do time não esteja irritado, triste ou desanimado. Não aguento mais esse clima péssimo e resolvo ir falar com Stoychev em seu escritório.

– As coisas estão cada vez piores no vestiário – digo. – Por que não nos juntamos para conversar e cada um tenta explicar suas razões? Precisamos encontrar a harmonia de novo.

Sua resposta me gela:

– Se vocês estão com alguma dificuldade comigo, é problema de vocês. Eu chego em casa, ponho a cabeça no travesseiro e durmo tranquilo.

Fecho a porta mais decepcionado do que puto. Sou o capitão do time e não encontrei uma forma de resolver o conflito. Não é um problema pessoal, é a certeza de que se não discutirmos a situação não vamos progredir e, portanto, não chegaremos a lugar nenhum.

Poucos dias depois da derrota na semifinal, um jornalista pergunta ao técnico se ele, eu e Ngapeth ainda podemos trabalhar juntos. Stoychev responde:

– Não vejo problema em nos imaginar aqui no ano que vem também.

Mas é tudo falso. Ele sabe e nós sabemos. Tanto é que, pouco depois, descubro por um companheiro de time que Stoychev já entrou em contato com o levantador americano Christenson (naquele momento atleta do Civitanova), com o objetivo explícito de lhe dar a minha função.

Falo muito sobre a relação, ou, melhor, a *não relação* com Stoychev em meu trabalho com Giuliano. Focamos no fato de que, por sermos pessoas muito diferentes, devo buscar o melhor modo de lidar com ele sem piorar a situação. Aliás, de ajudar a equipe a encontrar a abordagem certa. Eu tento, mas não é fácil.

Além disso, ao saber que Stoychev está em busca de outro levantador e que o clube não tem nenhuma intenção de mudar de treinador no fim da temporada, entendo que sou eu que devo ir embora. Decido definir meu futuro antes do início dos play-offs: ligo para a presidente Pedrini e para Sartoretti e peço uma reunião com eles.

– É um momento que nunca pensei que enfrentaria – digo. – Voltei para cá com o plano de levar o Modena de novo ao sucesso, mas nessas condições é impossível. Não houve a química necessária para que eu conseguisse estar sereno e dar meu melhor. Pelo contrário. Muitas vezes me vi desperdiçando energia para tentar proteger o grupo e resolver problemas, sem sucesso. É claramente uma limitação minha, que está ficando óbvia: não sou capaz de separar o componente humano do componente profissional quando se trata de criar ou desenvolver um grupo. Preciso de empatia, de uma afinidade que vá além do retângulo da quadra. Eu acredito que esses valores valem para qualquer profissão, não só para o esporte.

Como meu contrato era de somente um ano, tenho a oportunidade de não renová-lo e escolher livremente o que fazer após a temporada.

– Decidi ir embora do Modena – concluo. – Eu lamento muito, mas vou ter que buscar meu caminho em outro lugar.

Nesse momento a bola passa para Guiga, meu agente. Ele foi jogador – levantador para ser exato –, portanto, entende perfeitamente a situação. Ele me apresenta os diversos cenários possíveis.

Eu tenho ideias claras e faço um único pedido:

– Eu gostaria de jogar a Champions League. Champions League e Mundial de clubes são os únicos dois troféus que ainda faltam ao meu currículo.
– Vamos ver quais opções se abrem – diz ele. – Agora se concentre na quadra.

>>>

Os play-offs do *scudetto* não vão bem: perdemos de novo na semifinal. No dia seguinte à eliminação, Ngapeth e eu, que estamos de malas prontas, somos convidados a participar de um programa de TV muito popular de Modena, *Barba e Capelli*. É claro que vão querer nos perguntar sobre os bastidores que levaram àquela péssima temporada, e, para fazer isso, chamaram os dois jogadores não apenas mais representativos, mas também que tiveram mais desentendimentos com o treinador.
– Por mim, sem problemas – comunico ao clube. – Claro que vou.
Mas o resto do time não concorda.
– Por que só vocês vão lá se expor, explicar o que aconteceu? Vamos todos juntos!
Assim, começa a tomar forma uma situação não planejada: um time inteiro na televisão para falar sobre a "difícil" relação com o técnico. Pressionado, o clube resolve encerrar a parceria com Stoychev e entrar com um processo contra ele, que se arrastaria ainda por três anos.
Quando penso nesse episódio, percebo que não foi a melhor decisão. Teria sido melhor ir ao programa acompanhado apenas de Ngapeth, como era a ideia inicial. Ficamos em silêncio por mais da metade da temporada, em parte para não criarmos mais problemas, em parte porque tanto eu quanto ele fomos sistematicamente excluídos das entrevistas coletivas pré e pós-jogo.

Nosso objetivo ao aceitar o convite da emissora era poder enfim explicar o que não havia dado certo e por que disputamos uma temporada tão decepcionante. Minha intenção não era afastar Stoychev do Modena, era explicar por que Ngapeth e eu tínhamos resolvido mudar de time.

Outro erro que cometi foi declarar amor eterno e exclusivo ao Modena, dizendo coisas como "Na Itália para mim só existe o Modena". Embora minhas palavras tenham vindo do coração, hoje eu não diria isso, porque a vida de um atleta profissional é muito imprevisível. Antes eu nunca imaginaria jogar em outro clube italiano, mas simplesmente aconteceu o que acontece em muitas relações: o amor permanece, mas, por causa de alguns problemas, as pessoas se separam do mesmo jeito. De todo modo, só vou entender o efeito desse distanciamento no ano seguinte, quando, pela primeira vez, voltarei ao PalaPanini como adversário.

A chegada ao aeroporto de Bolonha, oito meses antes, se transforma no prelúdio de um doloroso adeus. E se alguém houvesse me dito isso na época, eu nunca teria acreditado. Não quero julgar Stoychev; em vez disso, tento tirar um ensinamento daquilo que vivi: na vida, às vezes encontramos pessoas com quem não conseguimos criar uma relação de afeto ou de amizade, pessoas que têm valores distantes dos nossos. Devo aprender a passar por cima disso, como ficou claro este ano.

10
DO INFERNO AO PARAÍSO

Depois que disse claramente ao meu agente que eu queria jogar a Champions League, a proposta que ele me apresenta vem do Lube Civitanova – justamente o time que eliminou o Modena de *todas* as competições na temporada 2017-2018. A ideia é realizar uma espécie de "troca" de levantadores.

Ainda assim, após ter encerrado mal a temporada e ter voltado ao Brasil, fico pensando que, depois do afastamento de Stoychev, o Modena e o Civitanova podem fazer um acordo de contraproposta para que ambos os levantadores permaneçam onde estão. A presidente Pedrini e o diretor-geral Sartoretti pressionam por essa solução e eu também desejo que ela aconteça, já que me sinto muito ligado ao ambiente do Modena.

Enquanto essas discussões acontecem, o Civitanova perde a final do *scudetto* e a final da Champions League. Assim, o clube decide prosseguir com a ideia da troca.

Eu também penso muito no assunto. Entrar num time que foi vice-campeão da Europa seria um passo importante para a minha carreira, pois, além de me permitir continuar a jogar em um campeonato de alto nível como a Superliga italiana, eu ainda poderia tentar vencer a Champions League e o Mundial de clubes. O Civitanova me ofereceria tudo isso.

No fim, os objetivos do profissional superam os chamados do coração; uma escolha que representa para mim uma mudança de mentalidade – mais racionalidade e menos sentimento.

> > >

Antes do início do campeonato, porém, é de novo hora de voltar à seleção: o Campeonato Mundial de 2018 acontece na Itália e na Bulgária.

É o primeiro Mundial que disputamos sem o comando de Bernardinho, que deixou a seleção no início de 2017, após mais de 15 anos de quadra e uma lista extraordinária de troféus. Não somente para mim, mas também para os meus companheiros, ele foi o único técnico que conhecemos ao longo da carreira na seleção brasileira. Seu lugar foi ocupado por Renan Dal Zotto, um treinador com a personalidade diferente da do meu pai, mas que compartilha com ele a mesma filosofia de trabalho. Os dois são amigos de longa data, jogaram muito tempo juntos e ganharam a medalha de prata na Olimpíada de Los Angeles.

Com Renan no comando, vencemos no ano anterior o Sul-americano e a Grand Champions Cup, mas chegamos à Bulgária esgotados fisicamente e sem grandes expectativas. A temporada de seleções do verão europeu de 2018 é longa, enervante, muito cansativa: é o ano em que a Liga Mundial é substituída pela Liga das Nações. Por cinco semanas, jogamos três partidas por fim de semana, e nosso plano de voo não é dos mais tranquilos. Começamos na Sérvia, passamos pelo Brasil, partimos para a Rússia, voamos para a Bulgária, e na última semana aterrissamos na Austrália. Após um breve retorno para casa, seguimos para a fase final na França. Tudo isso em 44 dias, que nos rendem um quarto lugar insatisfatório e um número bem alto de derrotas no geral.

A equipe que chega ao Mundial é uma mistura de experiência e juventude: um grupo homogêneo que permite que Renan reveze os protagonistas em quadra. Como opostos há Evandro e Wallace, no levantamento somos eu e William, e no centro temos muitas opções, com Lucão, Éder, Maurício Souza e Isac. O setor em que estamos mais fragilizados, por causa dos problemas físicos de Lucarelli e Maurício Borges, é o dos ponteiros, no qual Douglas brilhará.

Nosso percurso é incrível. Terminamos em primeiro lugar a primeira fase, em Ruse, na Bulgária, e a segunda fase também, em Bolonha; e assim passamos para a fase final em Turim. Aqui, também, fazemos um belo percurso: os placares de 3 a 2 sobre a Rússia e 3 a 0 sobre os EUA nos valem o primeiro lugar na terceira fase. Na semifinal, fazemos um seco 3 a 0 contra a Sérvia, mas acabamos perdendo a final para a Polônia por 3 a 0. Essa prata dói, mas não como as outras finais perdidas.

Nas dificuldades, a equipe dá tudo que pode e me faz ter orgulho do grupo.

> > >

O mundo do Civitanova é totalmente novo para mim, e tento entrar nele na ponta dos pés, respeitando as hierarquias que se formaram ao longo do tempo entre os jogadores que já fazem parte do clube há anos. Também como levantador, em relação à liderança em quadra, dou um passo para trás, sem ter a presunção de chegar e "comandar". É uma atitude respeitosa, mas que não permite que eu me expresse da minha maneira de ser. Respeito a figura do capitão "Gaghi" – Dragan Stanković, central sérvio que está no clube desde 2010, adversário em disputas memoráveis como a final da Liga Mundial de 2009 –, admiro jogadores experientes, como os cubanos Simón e Juantorena, e o búlgaro Sokolov, que tantas vezes enfrentei no passado.

No Civitanova, a camisa número 1 é justamente de Sokolov. Assim, nessa temporada cheia de novidades, emoções e objetivos a perseguir, escolho levar nas costas o número 14 para sentir o calor de casa: o 1 usado por meu pai e o 4, pela minha mãe. Serão eles a me guiar em um percurso que começa com dificuldades, mas que termina de modo completamente diferente – uma jornada que me fará descer ao inferno e por fim subir ao cobiçado paraíso.

Jogar com um número que mistura as camisas dos meus pais também fala muito sobre mim mesmo. Eu sou a pura alquimia genética entre os dois. Meus amigos conseguem entender perfeitamente quando ligo o "modo Vera" na vida e o "modo Bernardinho" na quadra. Mas sempre que alguém repete que sou a exata mistura dos dois, conto uma historinha sobre os pais dos meus pais.

Meus avôs são tão adoráveis quanto diferentes. Um é visceral, ex-atleta recordista, 1,90 metro de vontade de vencer qualquer disputa e meu companheiro inseparável nos tempos de badminton. Na Olímpiada do Rio, sempre que eu olhava para o lado da quadra, lá estava ele.

O outro é um lorde. Assim que fica sabendo que estou levando o vôlei a sério, ele me dá orientações singelas, com uma voz acolhedora:

– Bruno, voleibol é simples. É não deixar a bola cair na quadra de cá e fazer a bola cair na quadra de lá. E uma coisa muito importante, mas muito importante mesmo: sem saque na rede. Por favor, sem saque na rede!

Por tudo isso, analisando o temperamento dos meus pais, fica fácil imaginar quem é quem, certo? Errado! Porque o avô sempre disposto a uma boa briga é o Carlos, pai da minha mãe; e o lorde é o vovô Condorcet, o pai do meu pai. Vai entender...

>>>

Apesar de ter seguido em frente, meu coração ainda não está curado das feridas abertas no último ano no Modena, principalmente porque o destino sempre apronta das suas. Apenas uma semana depois do fim do Mundial, o primeiro jogo oficial da temporada é justamente contra o Modena: a semifinal da Supercopa italiana, disputada em Perugia. Naquela tarde, revivo todo o meu passado na Itália. Perugia é a cidade da minha infância, o Modena é o lugar onde me imponho como Bruno, o Civitanova é meu mais novo desafio esportivo.

Perdemos o jogo por 3 a 2, o troféu vai para o Modena e o prêmio de melhor jogador da competição é dado a Christenson, o levantador que tomou meu lugar no PalaPanini. Em resumo, um desfecho digno de roteiro de filme de terror.

Após pouco mais de um mês, em 18 de novembro, chega o momento do meu retorno como adversário à minha segunda casa. Ingressos completamente esgotados, sou recebido com vaias ensurdecedoras pelos torcedores do Modena e passo um dos piores dias da minha vida esportiva, apesar da vitória no tie-break.

São dois golpes duros, que me fazem entender que as coisas não estão indo bem. Tenho que me esforçar para entrar de cabeça na nova realidade, tenho que focar no Civitanova, nos objetivos que estamos buscando juntos. Entendo que é o caso de intensificar minhas conversas com Giuliano.

– O que estou fazendo aqui? – pergunto a ele. – Por que fiz essa escolha?

– Você já se esqueceu de como estava no ano passado? Todos os problemas e as tensões com Stoychev? – responde ele.

– Não, não esqueci, mas...

– Bruno, você tem que ficar tranquilo e reencontrar a serenidade.

E parar de pensar no que aconteceu, ou, pior, no que teria acontecido se você tivesse feito coisas diferentes no passado.
– E me concentrar nos objetivos...
– Isso – ele concorda. – Os objetivos. Você precisa acreditar na decisão que tomou. Existe um motivo por trás do que está acontecendo agora, um motivo que só o tempo poderá explicar.

Eu divido com ele as dúvidas e as preocupações que vivo, e ele me inspira a encontrar respostas e a identificar um caminho. Também mantenho um diálogo constante com o treinador Giampaolo Medei. O treinador percebe minhas dificuldades emocionais e tenta me ajudar.

Ainda assim, no início de dezembro meu equilíbrio já precário se despedaça de vez. A fórmula do Mundial de clubes, que nesse ano tem sede na Polônia, prevê duas rodadas, com partidas disputadas no espaço de poucos dias, seguidas das semifinais e da final. Fechamos a rodada em primeiro lugar, sem perder nem um jogo, depois derrotamos o Resovia, equipe dona da casa, na semifinal. O último ato é inteiramente italiano, contra o Trento. É a primeira vez que estou competindo no Mundial de clubes.

Naquele dia na arena de Częstochowa, eu começo mal e pioro: os primeiros dois sets estão entre os mais decepcionantes da minha carreira, tanto que, no terceiro, Medei me deixa no banco e põe em quadra o meu reserva, o belga D'Hulst. Meus olhos estão arregalados, incrédulos, enquanto vejo meus companheiros perderem por 3 a 1, e depois a alegria dos jogadores do Trento, a comemoração deles. Os fantasmas de Londres reaparecem, e o pós-jogo é um buraco negro.

No hotel, o quarto de Fabio Balaso vira o nosso confessionário, quase todo o time vai para lá. Entramos e saímos, desabafamos, reclamamos e buscamos conforto. Talvez a gente só queira estar junto para evitar ficar no quarto sozinho, lidando com nossas próprias mentes.

Na presença dos demais eu assumo minhas responsabilidades:
– Pessoal, peço desculpas, joguei muito mal e a culpa pela derrota é em boa parte minha.

Converso também com Guiga.

– Quando vou ter outra chance de jogar uma final do Mundial de clubes? – pergunto a ele. – Meu desempenho foi péssimo. Aqui não é mais o meu lugar, quero ir embora, tirar um tempo para mim... Por favor, me ajude a voltar para o Brasil.

Meu agente me ouve com atenção, depois diz simplesmente:
– Não pense em nada agora. Vai dormir e se acalme. – No entanto, antes de sair do quarto, ele se vira para mim e continua:
– Não é a primeira vez e nem será a última que você vai viver uma frustração assim, Bruno. Você já superou muitas e saberá se reerguer mais uma vez.

Naquele momento, Guiga faz exatamente o que Angelo Lorenzetti teria feito: me dá uma sacudida e me passa confiança. Mas na minha mente só existe eu, minhas dúvidas e meus medos, e passo a noite na companhia deles.

> > >

A passagem de Giampaolo Medei está no fim da linha: em dezembro, uma semana depois da derrota em Częstochowa, perdemos do Milano, e o treinador é demitido. É ele quem paga a conta amarga das seis finais perdidas em pouco mais de 12 meses. Em 16 anos de carreira, é a primeira vez que vivo uma troca de técnico no meio da temporada.

Medei não é o único que acaba na mira de Fabio Giulianelli. O presidente é nosso torcedor número 1, e, como empresário de sucesso que é, não está acostumado a digerir facilmente as derrotas. Ele diz o que pensa de modo direto, sem filtros, com paixão.

– Bruno, eu contratei o melhor levantador do mundo, mas

não o vejo. – Ele me confronta em tom seco e com palavras afiadas. – Você não é assim.

Quando nos encontra no vestiário, no calor do momento ou no dia seguinte a uma derrota, Giulianelli não costuma poupar nem a mim nem ao cubano Leal, outro novato que custa a engrenar. Às vezes os embates são pesados, mas gosto do jeito dele de conduzir as coisas; ele é uma pessoa verdadeira, direta, autêntica.

Dentro de mim, penso: *Fabio, eu vou mostrar que você não está enganado. Você vai conhecer e admirar o verdadeiro Bruno.*

Após um breve período em que somos comandados pelo assistente técnico Marco Camperi, chega ao comando o novo técnico, Fefè De Giorgi. O efeito que ele causa em mim é imediato, assim como tinha acontecido com Lorenzetti. Bastam 45 minutos de reunião por vídeo no primeiro dia pré-jogo para que a química surja entre nós. Em menos de uma hora, De Giorgi fotografa perfeitamente nosso time e nos indica o caminho para sair da péssima situação em que nos metemos.

– Não pensem de modo individual, mas como equipe – ele diz, seguro. – Vocês não devem ter a presunção de realizar ações perfeitas ou de fazer ponto no primeiro ataque. O vôlei é um esporte que se baseia em administrar as imperfeições. Se a recepção não é boa, quem levanta terá que tentar consertar. Se a bola para o ponteiro não é boa, ele deverá dosar a batida no ataque.

Na pequena sala do hotel em que estamos hospedados, o silêncio impera. Somos todos capturados por suas palavras. Com seu carisma, ele tenta indicar a rota a um grupo de jogadores que parece perdido. Perto de mim estão campeões do calibre de Juantorena, Leal, Simón, Sokolov.

– Na final que vocês perderam para o Trento, por acaso se perguntaram quantas jogadas Kovačević consertou nos 16 pontos que fez?

Kovačević é o ponteiro canhoto do Trento, com quem tive a

oportunidade de jogar durante minha segunda passagem pelo Modena. A pergunta de Fefè De Giorgi é retórica, então ficamos todos calados.

– Cinquenta por cento – ele continua. – É isso que faz a diferença no nosso esporte.

Sou conquistado pela assertividade de suas palavras, simples, porém precisas. Mas é a última frase dele que fica marcada na minha mente e se torna o símbolo do nosso renascimento:

– Um time de vôlei deve pulsar com o mesmo batimento, e eu sinto que isso ainda não está acontecendo.

Em resumo, o primeiro mandamento é "jogar em equipe".

Suas orientações também são claras do ponto de vista individual:

– Bruno, prepare as mãos para levantar, tente estar sempre com a bola diante dos olhos. Mas, principalmente, não pense nos erros. A partida continua na jogada seguinte.

Cada vez que falho, Fefè tenta tirar de mim o peso do erro e, ao fazer isso, me ajuda a manter a cabeça livre. Os constantes conselhos dele, junto com o trabalho que faço com Giuliano, são meus guias para reencontrar a tranquilidade perdida.

Com o novo treinador, começamos um percurso em que, entre dezembro de 2018 e o início de fevereiro de 2019, jogamos 14 partidas: três da Champions League, oito da Superliga e três da Copa Itália. Ao final de uma partida fora de casa pela Champions, eu e Jiří Kovář decidimos conversar com Juantorena. Depois do jogo, bebemos uma cerveja juntos no quarto e tentamos explicar a ele que gostaríamos de vê-lo mais positivo em suas atitudes no cotidiano. Nós o confrontamos de um jeito bem direto. Na hora ele não leva muito na boa, mas aos poucos a mudança começa a acontecer e ele também se torna um ponto de força do grupo.

O balanço com De Giorgi é de 12 vitórias e duas derrotas, ambas contra o Perugia. A última é a que mais machuca: perdemos mais uma final, a da Copa Itália. Ainda assim, dessa vez perdemos com uma consciência diferente, mais seguros do jogo que estamos desenvolvendo em quadra.

O primeiro a perceber isso é o presidente Giulianelli.

– Pessoal, não tenho nada a dizer hoje, vocês lutaram – ele nos diz no fim da partida. – Estamos no caminho certo.

Daquela final sai um time mais consciente das próprias capacidades. Jogo após jogo, chegamos em maio com a chance de disputar dois novos troféus. Nos play-offs da Superliga, eliminamos o Verona em duas partidas nas quartas, o Trento em quatro jogos na semifinal; nos play-offs da Champions League, eliminamos os russos do Dínamo Moscou nas quartas e os poloneses do Belchatów na semifinal.

A final do *scudetto* é contra o Perugia e nas quatro primeiras partidas o fator quadra prevalece. Na primeira e na terceira perdemos na Úmbria, enquanto na segunda e na quarta partidas devolvemos na mesma moeda. A decisão é disputada na casa deles em 14 de maio.

Antes do início da partida, o presidente Giulianelli convoca todos nós e faz um discurso bizarro:

– O jogo terminou há pouco e vocês perderam de novo. A oitava final seguida que perdem. De novo contra o Perugia. Vocês são um time que não sabe assumir as responsabilidades, que não sabe enfrentar os momentos decisivos. São uns fracassados!

Nós, jogadores, o escutamos e não entendemos o que significa aquele desabafo sem nenhum sentido cronológico: ainda nem entramos em quadra...

– Mas vocês têm uma segunda chance – continua o presidente. – Agora os ponteiros do relógio vão voltar no tempo e vocês podem jogar essa partida de novo. Agora podem vencê-la!

Não sei dizer se foi esse discurso inventado para nos cutucar e nos estimular que influenciou o nosso desempenho, o que sei é que, na mesma cidade onde minha aventura com o Civitanova começou do pior jeito – a derrota contra o Modena na semifinal da Supercopa – finalmente a luz se acende.

Os primeiros dois sets são vencidos pelo Perugia. León e Atanasijević são fantásticos no saque, dificultando qualquer reação nossa. Mas não nos desestabilizamos, temos consciência das nossas capacidades e sabemos que, na primeira abertura que eles nos derem, estaremos prontos para aproveitá-la.

Então chega a vitória clara no terceiro set (25 a 12), que faz nossa confiança crescer, e a partida muda. Vencemos o quarto set com uma atuação espetacular de Jiří Kovář, um jogador que veio do banco, e sempre soube demonstrar seu valor quando necessário. Vencemos o tie-break por 15 a 10, e depois de sete finais perdidas, tiramos dos ombros um fardo pesado.

É uma vitória especial que, além de nos dar o *scudetto*, contribui para acabar com a "maldição" dos troféus perdidos. É o melhor modo de nos prepararmos para a final da Champions League. Mal temos tempo de comemorar e já é o momento de voarmos para Berlim, onde o Zenit Kazan nos espera. Do outro lado da rede, vou encontrar Earvin Ngapeth, ele também à caça do primeiro título na maior competição europeia.

Na noite anterior àquele desafio decisivo, estou sozinho no quarto do hotel. Leal, meu colega de quarto, está fazendo seus tratamentos. Após meses difíceis em que os maus pensamentos voltaram a ofuscar meu horizonte, sinto a necessidade de abrir o coração aos meus companheiros, ao time. Quero mandar uma mensagem a eles antes do último jogo da temporada, a última disputa de um grupo que terá muitas peças mudadas. Penso muito no que dizer, então pego o celular e abro a tela do bate-papo em grupo da equipe. Quando começo a escrever, as palavras jorram, espontâneas, como se sempre houvessem existido dentro de mim:

Pessoal... amanhã vai ser nosso último dia todos juntos. Uma temporada que parece uma vida, embora tenham se passado pouco mais de sete meses. Juntos vivemos tantas coisas e eu agradeço a vocês por tudo que criamos. Com nossas diferenças, nossas fraquezas, nossas qualidades, conseguimos construir um belo grupo. Um time que deixou uma marca, não apenas nas pessoas em quadra. Uma marca em nós e na nossa vida. Uma equipe que tinha a paixão imensa de ganhar a qualquer custo, que jogou mal, que perdeu um Mundial de um jeito muito ruim. Um grupo que se reergueu, que trabalhou duro todos os dias, que chegou a outra final de Copa e viveu mais uma desilusão. Continuamos sem desistir, deixando de lado o ego de cada um e vendo que o que importava era sempre o time. Cada um com seu papel, todos demonstraram ser indispensáveis para chegarmos aonde estamos hoje. Todos são protagonistas. Essa é a coisa mais bonita. Após termos vencido um scudetto, amanhã temos outro sonho. Vamos curtir esse lindo dia que virá e vamos lutar por cada bola como fizemos até hoje, todos juntos, para tentar terminar uma temporada maravilhosa de um jeito incrível. Obrigado a todos vocês de coração, em especial ao capitão Stanković, que foi fundamental, a cola desse time. Amo vocês e vou me lembrar dessa temporada para sempre. Até amanhã!!! Cheios de energia... Foco, força e fé. Um agradecimento especial a Front [o fisioterapeuta Frontaloni] e a Max [o preparador físico Merazzi], que com sua energia e seu apoio em todos os momentos foram absolutamente fantásticos. A dupla perfeita! Obrigado pelas cervejas!!!

No dia seguinte, quem está na arquibancada torcendo é meu pai, que, depois de ter compartilhado comigo como treinador as muitas vitórias do Brasil, foi à Alemanha como torcedor. Finalmente ele está lá todo para mim.

Após um primeiro set jogado com nervosismo (e que perdemos rapidamente), entramos no jogo, sacamos muito bem e triunfamos em quatro sets. Depois que a última bola toca o chão, o abraço no meu pai é também, talvez pela primeira vez, o abraço entre mim e um grande torcedor.

A emoção de ganhar a primeira Champions, depois de tantas dificuldades, é enorme. Encerra-se uma temporada incrível, e, sim, posso dizer que, mais uma vez, Giuliano tinha razão: existe sempre um porquê por trás de cada coisa. Ficam na minha cabeça as vitórias, claro, mas também as muitas pessoas que encontrei, com quem compartilhei uma parte importante do meu caminho.

> > >

Em meados de 2019, a seleção brasileira conquista a Copa do Mundo no Japão, vencendo todas as 11 partidas. Já a segunda temporada no Civitanova abre com um compromisso importante: o Mundial de Clubes. O torneio que meses antes fez todas as minhas certezas vacilarem, ao me fazer reviver o momento sombrio que havia atravessado após a derrota em Londres (e que eu pensava já ter superado), agora se transforma em combustível. É o objetivo que me estimula todos os dias na minha segunda temporada no Civitanova.

Quanto mais se aproxima a competição, que acontecerá de 3 a 8 de dezembro em Betim, Minas Gerais, mais a minha ambição se transforma em obsessão. Senti algo parecido nos meses anteriores à Olimpíada do Rio, portanto sei que é fundamental conseguir administrar a pressão. Somos uma equipe sólida que, nos momentos complicados, encontra a maneira de superar as dificuldades. Somos um grupo de jogadores experientes que já ganharam muito e sabem como se faz.

Na edição desse ano do Mundial de Clubes participam quatro equipes: nós do Civitanova, os brasileiros do Sada Cruzeiro, os russos do Zenit Kazan e os catarianos do Al-Rayyan. Depois de ficarmos em primeiro na rodada em que todos os times se enfrentam e termos derrotado o Al-Rayyan na semifinal, chegamos à final contra o Cruzeiro, o time da casa.

Vencemos o primeiro set por 25 a 23, e perdemos o segundo por 25 a 19. Então encontramos a determinação para fechar o terceiro set por 31 a 29, após sobreviver a uma série de set points do adversário. É o *turning point* do confronto. Quando voltamos à quadra depois da mudança de lado, sabemos que é o momento de encerrar a partida. E é o que fazemos: fechamos em 25 a 21 e não precisamos de tie-break.

Depois de recebermos o troféu e as medalhas, me chamam ao palco para receber o prêmio de melhor jogador da competição, mas acredito que não mereço. Foi Leal quem nos carregou até a vitória. Contra seu antigo time, ainda por cima. Meu pensamento vai para os momentos complicados do terceiro set, quando Leal me fitava e parecia me dizer: "Não se preocupe, deixa que eu ganho este jogo." Eu captei esse estado de espírito, levantei o máximo possível de bolas para ele e, no fim, foi ele que realmente ganhou a partida, com aces e ataques importantes que somaram 20 pontos. É por isso que não posso aceitar o prêmio.

Então eu chamo Leal ao palco e lhe digo:

– Amigo, este prêmio é para você. – E dou lugar a ele.

É o primeiro Mundial de Clubes do Lube Civitanova e meu também. Depois de um ouro olímpico, um Campeonato Mundial, vários títulos sul-americanos e Ligas Mundiais com a seleção brasileira, seis campeonatos brasileiros, dois italianos, uma Champions League europeia e um Sul-americano de clubes, agora minha vitrine de troféus está realmente completa.

Nessa noite, ao lavar o rosto, cruzo com meu reflexo no espelho, e o que vejo é um enorme sorriso.

> > >

No fim de semana de 22 e 23 de fevereiro de 2020, acontecem as finais da Copa Itália. Pouco antes de ir junto com o time para Bolonha, onde o torneio será disputado, tomo a decisão de voltar ao Brasil para a temporada seguinte. É uma escolha ditada por motivos pessoais: vou jogar em Taubaté, cidade ao norte de São Paulo que fica a apenas uma hora e meia de Campinas, onde minha mãe precisa de mim por causa de alguns problemas de saúde.

Após a vitória sobre o Trento, na final enfrentamos o Perugia, nosso maior rival nos últimos anos. Os 9 mil espectadores da Unipol Arena são um arco-íris de cores e paixão. Em quadra protagonizamos uma das partidas mais emocionantes que já joguei. Estamos perdendo de 1 a 0, viramos para 2 a 1, e no quarto set o Perugia faz 36 a 34. No tie-break vem à tona toda a força de um time que foi capaz de superar os problemas do ano anterior, e levamos a taça para casa.

Durante a festa na quadra da Unipol Arena, o presidente Giulianelli me abraça e tenta me convencer a reconsiderar minha decisão.

– Bruno, mude de ideia – ele me diz. – Fique com a gente.

Eu sorrio e agradeço, mas não dou uma resposta.

– E então? – ele me pressiona.

– Olhe, presidente, eu continuo sendo o mesmo jogador que gritou nas reuniões durante esta temporada.

Com um único olhar nos entendemos. Com seu jeito assertivo e pouco propenso aos meios-termos, Giulianelli me incentivou quando eu voltei a tocar o fundo do poço. É mérito dele também o fato de eu ter me reerguido.

– Sinto muito, mas tenho que voltar ao Brasil – continuo. – Minha família precisa de mim.

Entrei no Civitanova com medo, corri o risco de me perder, mas no fim saio revigorado e mais forte que antes. Aqui, conheci Fefè De Giorgi, outro mestre capaz de reacender a minha luz. Mais uma vez tenho a confirmação de que os aspectos fundamentais aos quais devemos nos agarrar nos momentos de dificuldade são a dedicação ao trabalho e as relações pessoais. O trabalho constante, que nos devolve as certezas perdidas ou esquecidas, é a base para recomeçar. As relações com pessoas de valor são a seiva que nos permite crescer, nos desenvolver e melhorar. É nisso que eu acredito, e nunca vou deixar de acreditar.

11
MINHA BANDEIRA, MEU PAÍS

O que ainda não sei, enquanto converso com Giulianelli sobre o meu futuro, é que as finais da Copa Itália serão o último evento de vôlei antes do lockdown imposto pela pandemia, que vira o mundo de cabeça para baixo. Com o fim antecipado da temporada na Itália decidida em 8 de março de 2020, volto para a minha casa no Rio. Há grandes incertezas sobre qualquer aspecto da vida e, obviamente, ninguém sabe se a Olimpíada vai acontecer. A única coisa que posso fazer é me manter em forma, estar pronto caso a emergência sanitária acabe.

O sonho olímpico é oficialmente interrompido no fim de março. Thomas Bach, presidente do Comitê Olímpico Internacional, anuncia a mudança de data.

– A dinâmica da difusão do coronavírus nos levou a decidir pelo adiamento dos Jogos para 2021.

Estou trancado sozinho no meu apartamento quando ouço as palavras de Bach, mas sua decisão não me surpreende nem me desanima. É o certo a se fazer. É verdade que em 2021 estarei um ano mais velho, mas ainda assim tento ver o lado positivo da situação: terei 12 meses a mais para me preparar e chegar no auge à minha quarta Olimpíada.

Quando desligo a televisão, volto a treinar imediatamente, com ainda mais vigor e intensidade. É só o que posso fazer, mas quero fazer da melhor maneira. Os treinos são suspensos, assim como a possibilidade de ir à academia, por isso contrato um personal trainer, Luis. Combinamos duas sessões por dia, por chamada de vídeo. Com o problema da parte física resolvida, trato de arranjar equipamentos de ginástica.

A varanda de casa se torna minha academia durante o lockdown, meu pequeno mundo criado em um período de vida suspenso e surreal. São dois treinos por dia, com uma sessão aeróbica e outra de musculação. Além disso faço sessões diárias de meditação para lidar com a solidão imposta pelo isolamento. Tento perder o mínimo possível de condicionamento físico.

As únicas distrações nesses meses são as visitas ao meu pai no Rio e à minha mãe em Campinas. Nas poucas vezes em que fico na casa da minha mãe por alguns dias, levo o porta-malas do carro cheio de pesos e equipamentos. Todos os dias prometo a mim mesmo não baixar a guarda.

> > >

Minha experiência no Taubaté começa em agosto. É a quinta equipe brasileira em que jogo, mas a temporada 2020-2021 não será parecida com nenhuma do passado. É tudo difícil, fora e dentro de quadra. Por causa das restrições da Covid, tenho dificuldade para conhecer a cidade e não consigo estabelecer uma rotina. No ginásio também vivemos uma solidão forçada; jogar sem público nas arquibancadas é surreal. É especialmente lamentável para um clube que sempre teve uma torcida calorosa.

A equipe conta com diversos jogadores da seleção brasileira. Tem o Lucão, com quem posso jogar de olhos fechados e quem reencontro depois do ano da tríplice coroa no Modena e uma temporada no Sesi. Tem Maurício Borges, Douglas e Maurício Souza, três jogadores que ganharam o ouro no Rio. E comigo no levantamento tem Raphael, que ganhou tudo no Trento entre 2010 e 2013. No comando reencontro Carlos Weber, meu primeiro treinador entre os "grandes" na Unisul, além de Renato, o preparador físico da seleção. Em resumo, a equipe é extraordinária, construída para vencer.

Entendemos de imediato que a temporada será uma corrida de obstáculos: entre contínuos adiamentos, mudanças de datas, interrupção dos treinos e uma situação de incerteza generalizada, no aspecto competitivo não é fácil. Nem no mental. De todo modo, apesar dos vários contratempos, conseguimos completar a temporada e, em abril de 2021, em Saquarema, em uma espécie de bolha, jogamos as finais do campeonato. Depois de muita dificuldade nas quartas – eliminamos o Montes Claros na terceira partida –, na semifinal vencemos o Campinas (3 a 1 e 3 a 0), enquanto na final derrotamos o Minas (3 a 2 e 3 a 0). É meu sétimo título brasileiro.

Nessa época, ainda em Saquarema, está programado para começar o trabalho com as seleções masculina e feminina. Em uma das reuniões, Renan, nosso técnico já há quatro anos, nos diz que suas condições de saúde não são boas. A notícia nem chega em um encontro propriamente dito; ele dá um telefonema ao grupo enquanto está no carro com a esposa.

– Testei positivo para Covid – começa ele sem rodeios, deixando o ambiente pesado de repente. – O curso da doença não está indo bem, ela é muito agressiva e meu corpo não está respondendo como deveria. – São instantes carregados de tensão.

– Devo me internar em uma clínica do Rio, estou indo para lá agora mesmo. Mas vocês não precisam se preocupar, vou sair dessa mais forte do que antes.

Meus companheiros e eu ficamos desorientados, incertos

sobre o que fazer e como fazer. Todos temos na cabeça imagens que vimos tantas vezes no último ano: pessoas entubadas, hospitais com a emergência superlotada, sofrimento, mortes...

Pouco depois, em 2 de abril, Jean Luc Rosat morre por complicações ligadas à doença. Além de ter sido campeão brasileiro nos anos 1970, um jogador do grupo do meu pai, era meu padrinho de batismo. Éramos muito ligados. Ele era importante para mim, uma referência, uma pessoa com quem eu sabia que podia contar. São dias de medo e impotência. A Covid não dá trégua e não poupa ninguém.

Durante a semana de folga após o fim do campeonato brasileiro, recebemos a todo momento atualizações do estado de saúde de Renan, e as notícias que chegam não são boas: ele não está melhorando e precisa ser entubado. No início da concentração em Saquarema, tenho a sensação de estar em uma montanha-russa. No ginásio tentamos fazer tudo como de costume, mas a ausência do nosso guia, do nosso comandante, é pesada como uma rocha. Meu olhar paira no banco vazio muito mais do que eu gostaria. Estamos todos muito preocupados.

A primeira competição da temporada de 2021, a Liga das Nações, está batendo à porta, então temos que encontrar a maneira de enfrentá-la com a energia correta. Em momentos como esses, em que alguém perto de nós luta entre a vida e a morte, o esporte soa como algo pequeno, quase insignificante. Mas enfrentar as partidas com garra e concentração é a única coisa que podemos fazer pelo nosso treinador. Como capitão, cabe a mim falar com todos.

– Estamos nos preparando para uma temporada importante. Liga das Nações, Olimpíada e, depois, o Sul-americano – digo, medindo cada palavra. – A Olimpíada é a obsessão de Renan, é o que ele sempre sonhou. Precisamos nos preparar da melhor forma por ele também. Devemos isso a ele.

Felizmente, Renan sai do hospital pouco antes de irmos para a Itália disputar a Liga das Nações. Embora curado, ele precisa recuperar as forças e passar por um período de convalescença, portanto não volta de imediato ao grupo. No entanto, está sempre em contato com a gente por chamadas de vídeo.

E é assim que ele nos treina para a Liga das Nações, uma experiência peculiar, para dizer o mínimo: passamos um mês em outra "bolha", em Rimini, na Riviera da Emília-Romanha. Por ser à beira-mar, tínhamos a oportunidade de dar um mergulho antes e depois dos treinos. Ali conquistamos nossa primeira vitória, com certeza a mais importante. Dedicamos essa vitória a Renan, que lutou contra a morte e venceu a batalha. No fim de semana de encerramento derrotamos primeiro a França por 3 a 0 na semifinal, depois a Polônia por 3 a 1 na final. Estamos fortes e em ótima forma, prontos para os Jogos Olímpicos.

Durante aquele um ano e meio de pandemia, descobri uma acepção do significado de resiliência que eu nunca havia considerado. Até então, sempre pensei em um time resiliente, um grupo resiliente, não em um *indivíduo* resiliente. O lockdown, o encerramento antecipado da temporada 2019-2020, o lento reinício aos trancos e sem público, a dor e o medo trazidos por esse maldito vírus, me fazem entender que as pessoas podem – e devem – encontrar dentro de si a força para reagir.

>>>

– Bruno, você vai levar a bandeira do Brasil na Olimpíada de Tóquio.

São meados de julho e estou no centro esportivo que, na véspera dos Jogos, tornou-se nosso quartel-general, que dividimos com as duas seleções de handebol e com os pugilistas. À minha frente estão o técnico Renan, a essa altura plenamente recuperado, e Jorge Bichara, diretor do Comitê Olímpico

Brasileiro, que pronuncia as palavras que acabei de ouvir, mas não consigo processar.

Eu, levar a bandeira do Brasil?

– Você será o primeiro jogador de vôlei na história do país a desempenhar esse papel – intervém Renan, visivelmente emocionado.

A Covid mudou nossas vidas, nos tornou diferentes, mas não menos sensíveis ou empolgados. O anúncio me deixa perplexo e me enche de orgulho. Eu me emociono, fico feliz feito uma criança: é um reconhecimento para mim, claro, mas sobretudo para o vôlei, pelo que ele deu ao Brasil. É uma homenagem às gerações de campeões que trabalharam para tornar esse esporte um dos mais importantes do nosso país.

– Junto com você estará Ketleyn Lima Quadros – Bichara volta a falar, depois de me dar tempo para assimilar a notícia.

A escolha de Ketleyn não me espanta: ela é um ícone do esporte brasileiro. Com seu bronze no judô em Pequim 2008, foi a primeira mulher brasileira a ganhar uma medalha em um esporte individual.

Pouco depois, leio a mensagem da Confederação Brasileira de Vôlei nas redes sociais anunciando a escolha:

Que orgulho!! É o vôlei!! Somos nós que levaremos a bandeira do Brasil!! Parabéns, Bruninho!! Você é o símbolo de tudo aquilo que o vôlei brasileiro representa para todos nós!!

Não posso deixar de sorrir e de pensar em Wallace e naquilo que eu disse a ele no aeroporto polonês após o segundo lugar na Liga Mundial, na véspera dos Jogos Olímpicos do Rio, em 2016: "O momento vai chegar. Tenho certeza de que existe algo para nós. Agora está escondido, não vemos, mas existe. Precisamos acreditar nisso." Se na época tivessem me dito que esse "algo" significaria carregar a bandeira do Brasil no evento esportivo mais importante do mundo, bem, eu não teria acreditado. Tenho um vínculo visceral com meu país. Jogar com a camisa verde-amarela, ver e ouvir o público que canta o hino à capela antes de uma partida é algo indescritível. E, sempre que venço, onde quer que eu esteja, levo a bandeira comigo ao pódio. É um pouco como levar as pessoas queridas para compartilhar a alegria do momento.

O dia da viagem para Tóquio chega rápido. Na cerimônia de abertura, uma avalanche de emoções irrompe dentro de mim, a grande alegria se mistura ao pesar de não ver o público nas arquibancadas e de não ter outros atletas brasileiros junto comigo e com Ketleyn. Para proteger os esportistas dos riscos do contágio, o COB decidiu permitir a participação no desfile de apenas dois porta-bandeiras, além do chefe da missão e um dirigente. Mas não importa: a cerimônia é o primeiro vislumbre de esperança, um vestígio de retorno à normalidade. E eu estou lá, representando meu povo.

Enquanto desfilo com a bandeira nas mãos, meu pensamento corre em mil direções. E, no fim, chega a quando eu era criança e imaginava vestir a camisa da seleção, sonhava percorrer o mesmo caminho do meu pai e conquistar uma medalha olímpica... Mas nunca, nem nos meus sonhos de infância mais desvairados, fantasiei viver um privilégio tão grande.

Nessa noite, custo a pegar no sono. Meu quarto na vila olímpica – o lugar onde nove anos antes, em Londres, sofri em silêncio pela derrota na final e o lugar onde, no Rio, acariciei a medalha de ouro – torna-se agora uma oportunidade para ficar frente a frente com meu país.

"Estamos orgulhosos de você."

"Não havia atleta melhor que pudessem escolher para levar nossa bandeira."

"Uma honra merecidíssima!"
Leio essas e inúmeras outras mensagens que chegam ao meu celular e explodo em um choro de alegria e emoção. Essa Olimpíada não podia começar de modo mais comovente. Sinto a gratidão da minha gente. Compreendo que os valores em torno dos quais construí minha carreira chegaram ao coração dos brasileiros. São os valores que aprendi com meus pais e com muitas pessoas que trilharam comigo um trecho do meu caminho. É a eles que agradeço em silêncio, é para eles que vai meu pensamento enquanto estou sozinho no meu quarto, em uma noite que não vou esquecer.

> > >

Após aquele turbilhão de emoções, finalmente começa o torneio olímpico. Chegamos com muitas tensões. Depois do sucesso na Liga das Nações, todos nos atribuem – e nós atribuímos a nós mesmos – uma infinidade de responsabilidades. Estamos acostumados com isso, mas nos Jogos Olímpicos tudo é terrivelmente mais complicado.

Mesmo sem apresentar um desempenho tão consistente e brilhante, passamos em segundo lugar no grupo, atrás da Rússia. Nas quartas, subimos o sarrafo e derrotamos os donos da casa, o Japão, com um convincente 3 a 0. Na semifinal estamos de novo diante da Rússia, um grande clássico olímpico: final de 2012, semifinal de 2016, e agora outra partida no caminho da disputa pelo ouro.

Nós nos preparamos para o jogo confiantes na vitória, convictos de nossas possibilidades.

Contudo, na Olimpíada, mais do que em qualquer outra competição, o momento conta muito. O ponto da virada contra a Rússia acontece no terceiro set. Após vencer o primeiro e perder o segundo set, temos a chance de abrir 2 a 1. Estamos à frente por

20 a 14, depois 23 a 19. Mas não conseguimos fechar. Quando perdemos a parcial por 24 a 26, o jogo escapa de nossas mãos. Termina em 3 a 1.

Não é fácil para o grupo se reerguer e se apresentar em quadra contra a Argentina para o jogo que vale o bronze. Tentamos conversar, com o objetivo de reencontrar a energia, mas não é suficiente: depois de quatro longos sets, a medalha nos escapa por dois míseros pontos – 15 a 13 no tie-break.

Minha primeira Olimpíada sem uma medalha. Um resultado doloroso de aceitar. O esporte é assim: o grupo era bom, a confiança era grande, mas o resultado não veio.

Mas, no fim, são os detalhes que mudam a história: no terceiro set, uma defesa sem bloqueio do líbero russo mudou o andamento da semifinal e mandou para o espaço nossos sonhos e nosso trabalho de meses. Assim, *puf*, em um segundo tudo desapareceu. E vou lembrar desse segundo cada vez que pensar nos jogos de Tóquio.

Quando deixo a vila olímpica, me dou conta de que as redes sociais se tornaram importantes demais para muitos de nós. Soma-se a isso a anomalia de uma edição olímpica que nos obrigou a conviver com a ameaça da Covid, mantendo-nos isolados em nossos quartos. Não pudemos trocar muito uns com os outros, não vivemos plenamente o momento, não entramos por completo no flow do torneio. Gastamos muita energia lendo comentários no Facebook, no Instagram, no Twitter, desviando a atenção do que deveria ser nosso foco. Um time, uma equipe, é como um relacionamento. Não conseguimos interagir o suficiente para atuar como um grupo coeso.

– Pessoal, não quero viver outro torneio assim – digo a Lucão e Lucarelli, quando trocamos ideias sobre o que aconteceu. – Tensão demais, ansiedade demais, responsabilidades demais. Não curtimos praticamente nada.

Mesmo assim, de volta ao Brasil, continuo prestando uma atenção exagerada às redes sociais. Leio o que escrevem sobre nós, sobre mim, e isso rouba minhas forças. Esse é um aspecto que nas três edições anteriores eu não vivi e que, infelizmente, marcou a nossa história dessa vez.

12

FAZENDO AS PAZES COM MODENA

– Bruno, eu decidi. Ano que vem vou voltar e queria muito que você também estivesse lá!

Para falar da temporada seguinte, de 2021-2022, preciso voltar no tempo até esse telefonema de Earvin Ngapeth, um dos irmãos que a vida me deu. Estamos em janeiro de 2021, quando a Olimpíada estava no horizonte e eu jogava no Taubaté. Naquele período, havia mais testes rápidos de Covid do que comemorações na rede.

– O que acha? – Earvin me pressionou. – Você não sente saudade de Modena?

Claro que sentia. Modena tem um lugar especial no meu coração. Fui embora de lá como um filho pródigo, extenuado por uma temporada cheia de incompreensões. Durante a conversa com Ngapeth eu revivi, em dez segundos, toda a minha passagem por Modena. Relembrei o primeiro jantar com Daniele Bagnoli, que ficou perplexo por causa do meu apetite, a conversa que tive com ele em um estacionamento de posto de gasolina. E então sorri ao pensar nas vitórias com Lorenzetti, o primeiro treino com Ngapeth e o entrosamento que surgiu entre nós no primeiro olhar. Mas ao mesmo tempo não posso esquecer a ferida que se abriu da temporada 2017-2018 – não deveria ter acontecido daquele jeito.

Saber que ele voltaria a Modena mexeu com o meu equilíbrio. Eu, Modena e Ngapeth, juntos, de novo, para o bem e para o mal. Fazia três anos que pensava num jeito de apagar da mente a decepção da minha última temporada na cidade. Eu merecia – nós merecíamos – uma nova chance. Modena não é parte da minha carreira, é parte da minha vida.

> > >

Começamos o campeonato sob grande pressão e, como costuma acontecer em casos assim, sentimos muita dificuldade. No fim de novembro, derrotamos o Trento, e começamos uma série de vitórias que aparentemente traz de volta a serenidade necessária para dar continuidade ao trabalho do melhor modo possível. Converso muito com o técnico Andrea Giani nesse período. Ele é uma pessoa e um profissional que admiro muito, gente de verdade, um vencedor como jogador que tenta transmitir sua filosofia também como treinador.

Mas a pressão, por ser um time "no papel" muito forte, aumenta em janeiro, quando em uma única semana deixamos escapar dois objetivos da temporada. Na partida de ida das oitavas da Copa CEV (segunda competição continental, em termos de prestígio) perdemos para o Tours por 3 a 1, interrompendo uma série de 13 vitórias seguidas. Quatro dias depois, perdemos para o Piacenza na Copa Itália, e não chegamos às semifinais. E na quarta-feira seguinte não conseguimos reverter o resultado contra o Tours: vencemos apenas por 3 a 2 e adeus, Europa.

A semana das derrotas leva o clube a pôr em discussão o treinador e a comissão técnica. Nós, atletas, procuramos defendê-los a todo custo, nos reunimos, os blindamos, temos certeza de que a crise depende de nós, não de Giani. O fato de nos meses anteriores já andarem circulando notícias de uma possível troca no comando do time não ajuda em nada, e acabamos nos sentindo ainda mais pressionados.

A incerteza sobre o comando não é o único aspecto que pesa o clima. Começamos também a ouvir boatos cada vez mais insistentes sobre os problemas financeiros do clube. A dupla eliminação é um grande golpe também em termos de patrocínio.

Essa instabilidade nos coloca em uma espiral tóxica que torna tudo mais complicado. Os sorrisos no ginásio ficam mais forçados.

Eu sou mais forte do que qualquer obstáculo, eu sou mais forte do que qualquer obstáculo...

Repito esse mantra durante a meditação, repito no treino, repito no jogo. Mas os dias continuam difíceis. Até nossos torcedores nos vaiam, com razão. A torcida do voleibol na Itália, principalmente em Modena, age como um torcedor brasileiro no futebol. E tudo isso só aumenta nossa responsabilidade. Eu me esforço para manter o grupo longe dos problemas, ser um escudo, mas não consigo.

– Estou sentindo um peso enorme nos ombros. Quero resolver a situação, mas quanto mais eu tento, mais difícil parece – desabafo com Giuliano.

– Bruno, você está repetindo o mesmo padrão. Não dá para controlar tudo, você não pode pensar que é quem deve resolver todas as coisas – responde ele. – Foque no aqui e agora, lembre-se de que cada pessoa tem seu percurso e suas convicções. Não exija tanto de si mesmo.

Atletas e comissão técnica decidem se unir ainda mais. Resta apenas um objetivo – a corrida pelo *scudetto* – e procuramos nos preparar para a ocasião. Fechamos a temporada regular em quarto lugar, e derrotamos o Milano nas quartas e em uma melhor de cinco muito equilibrada acabamos perdendo para o Perugia na semifinal. A temporada termina com essa derrota, e muitas frustrações.

13

UM BRONZE COM GOSTO DE OURO

Pouco após a derrota na semifinal da Superliga italiana contra o Perugia em 28 de abril de 2022, faço as malas e volto ao Brasil. Dez dias depois, já estou no ginásio em Saquarema: em 8 de junho é a nossa estreia na Liga das Nações. Eu nunca paro, nós nunca paramos. Claro que é puxado, mas também é a única vida que conheço.

O que vai acontecer quando eu parar de jogar?

Venho me perguntando isso ao longo desses dias, prestes a disputar a 16ª temporada e o quarto Campeonato Mundial da minha carreira.

O que significa parar por mais de uma semana?

O que as pessoas normais fazem quando não treinam?

E eu... o que vou fazer?

Escolho adiar mais uma vez o momento de encontrar essas respostas e me concentro apenas no Brasil e nos compromissos que tenho pela frente. Apesar da mudança geracional em curso na seleção, os torcedores esperam de nós uma reação forte depois do passo em falso da última Olimpíada. Ainda mais se pensarmos que chegamos à final nas cinco últimas edições. É uma situação que me estimula, me dá enorme entusiasmo.

Como capitão, estou pronto para absorver a energia que os mais jovens, como o ponteiro Adriano e o oposto Darlan, podem me transmitir. Sim, os jovens são fundamentais. Depois dos Jogos Olímpicos de Tóquio e antes do Sul-americano, eu tinha chamado Cachopa e Isac para explicar que essa seleção precisava de novos líderes, jogadores que se unissem a mim, a Lucão e a Lucarelli na liderança da nossa equipe, não apenas no sentido técnico.

Continuamos a treinar em Saquarema. Bastam duas semanas de trabalho para que eu me dê conta de que não existe sequer sombra da tranquilidade que almejei. Depois de perdermos o primeiro amistoso contra o Japão, disputado em Brasília, percebo surgir uma grande tensão na comissão técnica.

A situação já está assim depois de tão poucos dias? Não pode ser, desse jeito a gente não vai conseguir...

Entendo que devo tentar fazer alguma coisa para aliviar o clima, então reúno o time todo.

– Pessoal, vamos continuar tranquilos – começo. – Temos que trabalhar todos os dias e acreditar no processo de crescimento diário. Vamos chegar ao auge quando for importante, não vamos transformar a primeira derrota desse período numa tragédia. Vamos trabalhar com garra e alegria.

É um discurso simples, mas do qual tenho convicção: o Mundial começará no fim de agosto; nossa tarefa, ao longo desses meses, consiste em aprendermos a nos conhecer em quadra e, sobretudo, administrar os ânimos. O objetivo principal é e deve continuar sendo o Mundial.

Meus companheiros compreendem a mensagem. Mas tenho a impressão de que a comissão técnica não capta minha tentativa de aliviar o clima. Acho que a tensão de Renan e sua equipe está ligada à perda da medalha olímpica em Tóquio; eles estão pressionados pela necessidade de produzir resultados. Talvez se tivéssemos subido ao pódio as coisas fossem diferentes, mas não foi o que aconteceu.

Alguns dias depois enfrentamos nosso segundo teste, de novo contra o Japão. É um dia especial porque a partida foi organizada para comemorar o 30º aniversário do primeiro ouro olímpico brasileiro, em Barcelona 1992. O jogo é até transmitido ao vivo pela Globo. Ganhamos por 3 a 2 depois de uma maratona de duas horas e meia. O público vibra e festeja como se tivéssemos ganhado um Mundial.

Eu prego calma, sei que no percurso de construção de uma equipe não podemos dar passos maiores que a perna. Não precisamos nos deslumbrar com as vitórias nem nos deprimir com as derrotas. E então recebemos o primeiro golpe: Lucarelli sente uma dor muscular e não participará dos próximos jogos; Leal ainda está afastado pela lesão que sofreu no Modena. Agora tenho certeza absoluta: não serão meses tranquilos.

Jogamos a primeira semana da Liga das Nações em Brasília. Os resultados são oscilantes (ganhamos contra a Austrália e a Eslovênia, perdemos contra a China e os Estados Unidos) e nossa torcida parece decepcionada. Há pouquíssimo respiro para os titulares e, pensando em quão cansativa e longa será a competição, começo a me preocupar.

A dinâmica dos jogos não muda, como não muda o fato de que os jogadores em quadra são quase sempre os mesmos. Após derrotarmos uma Sérvia que escala muitos reservas (como vêm fazendo as outras equipes do torneio), na minha cabeça começa a tomar forma um pensamento estranho, uma preocupação que soa como um pressentimento.

Na mesma noite, eu converso sobre isso no quarto com Lucão, Lucarelli e Flávio.

– Se continuarmos assim, os reservas vão acabar perdendo a motivação.

– E jogando quatro partidas por semana corremos o risco de nos machucar – acrescenta Lucarelli, que ainda não se curou da lesão. – E aí os outros vão acabar tendo que jogar o Mundial... sem estarem prontos.

– Exatamente – concordo. – Depois do jantar vou falar sobre isso com o Renan.

– Nós vamos com você, Bruno – Lucão e Lucarelli me respondem quase ao mesmo tempo.

Encontramos Renan junto com seus assistentes, Tabach e Schwanke.

– No grupo temos jogadores prontos para entrar e deixar que nós, que ficamos mais tempo em quadra, possamos tomar fôlego – digo de cara, sem rodeios. – Primeiro Isac no centro, depois Cachopa como levantador... Entendemos que existe a preocupação de não fracassar, de obter um resultado importante, mas por que não tentamos envolver todos?

A conversa é tranquila, não há qualquer tensão, até porque nós entendemos o ponto de vista da comissão técnica.

A resposta, no entanto, não nos deixa com muitas esperanças. O treinador explica que tanto Cachopa quanto Isac não estão no auge fisicamente e que os outros têm pouca experiência; diz que compreende nossas preocupações, mas que no momento é difícil fazer diferente.

Eu não me rendo.

– Renan, fale com o grupo – eu peço. – Mostre a todos os jogadores que eles são importantes para o projeto, envolva-os.

O técnico é uma pessoa aberta, disponível ao diálogo, mas essa é uma situação muito delicada. Imagino que a necessidade de conseguir resultados imediatos prevaleça sobre a importância de fazer o projeto crescer e investir nos jovens. É compreensível: a última vez que o Brasil ficou fora do pódio num Campeonato Mundial foi no século passado, quando alguns dos meus companheiros de time nem sequer haviam nascido. O quarto lugar na Olimpíada impôs ao nosso treinador uma pressão que aumenta jogo após jogo.

No dia seguinte, em 24 de junho, acontece exatamente o que eu temia: durante a partida contra o Irã, Alan se machuca. Ele é nosso oposto titular, eleito melhor jogador da Copa do Mundo de 2019. De início fico impassível, depois sou tomado pela raiva e saio da quadra assim que o jogo termina. Estou arrasado por ele. No vestiário eu o abraço. Então desabo em um choro longo e nervoso: toda a tensão que sinto ao meu redor há mais de um mês finalmente me alcança, e me atinge de uma vez só.

Lucão, que por sua vez sofreu uma lesão no jogo contra a Sérvia, me vê chorar e, quando voltamos ao quarto, tenta me tranquilizar.

– Está tudo muito difícil... – digo. – E não sei como vou fazer mês que vem, olha o estado em que eu já me encontro.

A equipe e eu estamos há quarenta dias longe de casa, viajando pelo mundo. Isso me assusta porque não me sinto nem lúcido nem sereno. O cansaço, não só físico, está começando a tomar conta de mim. Há um fio invisível que une a temporada no Modena e a temporada na seleção: o estresse causado pela necessidade de obter resultados imediatos. Na Itália, com o clube que nos pressiona para atrair patrocinadores; no Brasil, com a mídia pronta para dar destaque a cada fracasso nosso.

No entanto, a urgência mais imediata é de natureza técnica. Vem a confirmação, já óbvia, daquilo que todos temíamos: Alan está fora do Mundial. Quando descubro isso, cerro os dentes me lembrando do nosso abraço no vestiário. Não existe nada pior do que sermos cortados de uma competição tão importante por causa de uma lesão.

Depois dessa notícia, quase que ao mesmo tempo, todos pensamos em Wallace, protagonista do ouro no Rio que deixou a seleção após a Olimpíada de Tóquio para dedicar mais tempo à família. Mandamos uma mensagem para ele, junto com Lucão e Lucarelli. Alguns dias mais tarde, o próprio Renan nos comunica que o convocou.

Depois de avaliar o quanto vestir a camisa do Brasil mexe com ele, Wallace aceita o convite do treinador, e a sua presença se mostra fundamental. Darlan, o único oposto que temos à disposição, está fazendo um belo percurso de crescimento, mas ainda é muito jovem e no Mundial certamente precisará de ajuda, de uma alternativa, de uma referência. Wallace é tudo isso e muito mais. Tranquilo, determinado, alegre. Tenho certeza de que ele fará muita diferença no time. Além dele, recebemos o reforço de Felipe Roque, que estava se recuperando de uma lesão.

Quando termina a Liga das Nações, após mais de um mês de competições e viagens, voltamos ao Brasil. Finalmente temos 10 dias de férias. Tento me desligar e recarregar as baterias, mas, quando nos reunimos para disputar os amistosos pré-Mundial, é evidente que o time não está funcionando: sofremos uma derrota incontestável contra a França. Eu, em especial, não jogo bem.

O Mundial de 2022 começa em 26 de agosto. Estava previsto para acontecer na Rússia, mas foi transferido para a Eslovênia e a Polônia por causa da deflagração da guerra na Ucrânia. Nossa sede é em Lubliana, e junto conosco estão Japão, Catar e Cuba.

O jogo de abertura é contra os cubanos. No primeiro set desperdiçamos uma grande vantagem. Perdemos a segunda parcial também. Nesse momento, Renan faz uma substituição: coloca Cachopa no meu lugar e Rodriguinho na posição de Lucarelli, e assim a equipe parece funcionar melhor. Sentado no banco, vejo meus companheiros crescerem até chegarem à vitória no tie-break.

Passo a tarde refletindo. Muitas vezes eu me coloquei em xeque assumindo culpas para mim. Resolvo conversar com meu pai, meu treinador ao longo de 12 anos, mas que dessa vez é um conselheiro em quem confio muito.

– Talvez não deva ser eu o titular nesse momento – digo a Bernardo.

– Tem certeza? – ele questiona.

– Por que viver com a ansiedade de jogar a qualquer custo se não estou tecnicamente no auge?

Essa é uma constatação difícil para qualquer jogador, e mais ainda para alguém como eu, acostumado a exigir sempre o máximo de mim mesmo. Decido aproveitar o fato de que todas as equipes que jogam em Lubliana se hospedam no mesmo hotel e compartilho meu mal-estar com Andrea Giani. Além de comandar o Modena, ele também é o técnico da seleção francesa.

– O problema é que você não sorri, Bruno – ele me responde. Suas palavras não me surpreendem. – Assim é difícil sentir alegria, dentro e fora de quadra. Curta a oportunidade que você está vivendo, não deixe que a ansiedade estrague esse Mundial.

Eu faço que sim, concordo com ele, e aproveito para dizer que decidi entrar em contato com um ex-companheiro dele, Marco Meoni. Ele e Giani conquistaram juntos a prata na Olimpíada de Atlanta e o bronze nos Jogos de Sydney. Ao longo da vida, Meoni lidou com depressão e ataques de pânico, portanto, mais do que qualquer pessoa, pode entender alguns dos meus estados de espírito que às vezes retornam. Em poucas conversas já percebo que Marco é uma pessoa especial.

Na noite após a partida contra Cuba eu reflito muito – tudo está embaralhado na minha cabeça. Em determinado momento, porém, os pensamentos se alinham e eu faço o salto mental que esperava, inconscientemente, há tanto tempo. Existem muitas maneiras de ajudar o grupo, e cada fase da vida tem a sua.

Na manhã seguinte, está programada uma reunião para começarmos a preparação da partida contra o Japão. Antes que todos cheguem, peço para falar com Renan e seus assistentes.

– Estou aqui para ganhar, como todos nós – digo. – Mas nesse momento o time funciona melhor com Cachopa no levantamento. É justo que seja ele o titular. Vou ajudar a seleção de outro jeito, e estarei pronto para entrar quando for necessário.

Renan me ouve, atento, diz que concorda com meu pensamento, que pretendia mesmo começar o próximo jogo com Cachopa e que está muito contente que eu tenha lhe dito isso de modo tão direto.

Pouco depois, vou falar com Cachopa e repito para ele as mesmas palavras. Então nos abraçamos. Eu me preparo mentalmente: estou pronto para entrar no saque, para substituí-lo quando ele precisar tomar fôlego, sem necessariamente ter que ser o titular. Em resumo, farei o que for preciso para ajudar o meu Brasil.

Sinto-me mais leve, a pressão diminui. Aceito bem esse novo papel. Começo a me reinventar em uma função nova, madura e diferente.

Ganhamos do Japão e do Catar e fechamos a rodada em primeiro lugar. Viajamos para Gliwice, na Polônia, para a fase final, onde vencemos o Irã nas oitavas por 3 a 0. Sou eu que fecho o jogo com um ace que belisca a linha de fundo. É uma grande alegria, todos me abraçam calorosamente. Vivo uma situação nova, a de jogar os últimos dois pontos e aproveitar ao máximo o momento e a vitória.

Nas quartas reencontramos a Argentina, a equipe que nos venceu em Tóquio na disputa pelo bronze. O desejo de revanche é grande, entro em quadra no quarto set, quando estamos perdendo. Contribuo para mudar o andamento da partida e dá certo: vencemos o jogo por 3 a 1 e sou de novo protagonista, a serviço total do grupo.

Por pouco não acontece a mesma coisa na semifinal. No tie-break contra os donos da casa, desperdiçamos a grande oportunidade de disputar a sexta final seguida de um Mundial. O jogo é apertadíssimo: primeiro set nosso, segundo e terceiro deles, quarto de novo nosso. É um bloqueio meu que leva o jogo para o tie-break. No quinto e decisivo set seguramos até o empate em 12 a 12, depois deixamos a Polônia escapar. Não a alcançamos mais: eles disputarão o ouro na final com a Itália, uma equipe rica de jovens e talento.

Assim, pouco mais de um ano depois de Tóquio, estamos disputando novamente a medalha de bronze. Temos pouco tempo para recuperar as forças, sobretudo as forças emocionais. Nesse momento, são as palavras de Lucão, no vestiário de Katowice, que nos impactam:

– O dia em que perdemos o bronze no Japão foi o pior da minha vida – ele nos diz, sério. – Não quero revivê-lo, não quero voltar para casa sem uma medalha.

Dessa vez não há espaço para tristeza ou desilusão: queremos ganhar de qualquer maneira. Jogamos contra a Eslovênia, um bom time que chega de dois vices seguidos nos campeonatos europeus, mas não lhes damos chance. Temos um único objetivo e miramos nele com uma determinação feroz.

É um bronze que, depois de todas as dificuldades, tem gosto de ouro, pelo menos para mim. Quando subo ao pódio, não existe lugar para a decepção de não ter chegado à final. Olho a medalha e penso que conseguimos esse resultado extraordinário fortalecendo o conceito de time – um time em que todos fizeram a diferença: Wallace que voltou, Rodriguinho no lugar de Lucarelli quando necessário, Cachopa no levantamento, Felipe Roque que entrou para o bloqueio... Estou orgulhoso dos meus companheiros, orgulhoso de todos nós. E eu, durante a cerimônia de premiação, canto, danço, abraço a comissão técnica, me divirto feito um doido.

\>\>\>

O Mundial me deixa com a certeza de que existem muitas maneiras de ser importante. Eu gritei e ajudei meus companheiros, fiz isso em quadra e ainda mais no banco. Tenho uma grande consciência disso. A trajetória de autoconhecimento que iniciei há quase dez anos nunca foi fácil. Lutei contra a obsessão da vitória, parei de evitá-la e a olhei de frente.

Nossa vida é um contínuo reinventar-se, mas é fundamental enfrentar as situações com humildade. Quero ser, a cada dia, um atleta e uma pessoa melhor para quem está ao meu lado. Almejo ter essa consciência me acompanhando na vida e na fase final da minha carreira – a estrada que me levará à Olimpíada de Paris, em 2024 e depois, quem sabe, a me despedir como jogador da minha amada camisa verde-amarela, a coisa mais preciosa que existe.

14
A ÚLTIMA DANÇA

Nossa caminhada até a Olimpíada de Paris traz em seu rastro uma história vitoriosa construída ao longo de quatro décadas. Essa trajetória fez do vôlei um patrimônio nacional, e a torcida espera nos ver no pódio em todas as competições – principalmente na mais importante delas. Afinal, nosso quadro de medalhas é mesmo motivo de orgulho: na equipe masculina, fomos prata em Los Angeles (1984), ouro em Barcelona (1992), ouro em Atenas (2004), prata em Pequim (2008), prata em Londres (2012) e ouro no Rio de Janeiro (2016). Na feminina, as meninas ganharam bronze em Atlanta (1996), bronze em Sydney (2000), ouro em Pequim (2008), ouro em Londres (2012) e prata em Tóquio (2021).

O desempenho de Bernardinho no comando das duas equipes é quase inacreditável. Das onze medalhas olímpicas conquistadas até aqui, ele estava presente em sete. Seis como técnico e uma como jogador.

Essa avalanche do bem, por outro lado, cria uma expectativa que anda sempre acompanhada de sua prima menos amigável: a pressão. Quando perdemos o bronze para a Argentina em Tóquio e ficamos com um amargo quarto lugar, essa pressão chegou ao limite. Depois de quatro Olimpíadas seguidas, era a primeira vez que o Brasil voltava para casa sem medalha. Não era difícil imaginar as dificuldades que encontraríamos pela frente, mas o destino iria caprichar.

Em agosto de 2023, perdemos novamente para a Argentina, dessa vez na final do Sul-americano, realizada no Recife. Era a primeira derrota brasileira na história da competição. Sem título e sem vaga antecipada, nossa última chance de ir a Paris seria no pré-olímpico, que aconteceria no Rio de Janeiro no mês seguinte.

O problema é que essa derrota seguia deixando marcas em todos. Além da pressão que nós mesmos nos colocávamos, havia a pressão que sofríamos pelas redes sociais. O mundo tinha mudado muito desde a minha entrada na seleção adulta, em 2006, mas o ódio semeado pela internet era algo com o qual eu ainda não sabia lidar. Por conta do fracasso nas últimas competições, nosso grupo vinha sendo alvo de *haters* pesados. Era difícil digerir tudo aquilo às vésperas de um campeonato tão importante.

E foi nesse clima que chegamos a Saquarema para treinar. Aquele lugar sagrado parecia escuro. Não tinha a paz nem a energia de sempre. Eu me sentia sobrecarregado e ao mesmo tempo vazio, o que acabava gerando exaustão.

Depois do primeiro treino, ainda remoendo a derrota e carregando muitos sentimentos ruins, pensei em ir embora. Pela primeira vez na vida, achei que o melhor era deixar a seleção. Os questionamentos que me incomodavam nos últimos tempos chegaram ao ápice: *Por que eu não estava conseguindo manter meu padrão de desempenho? O que estava acontecendo comigo? Será que eu tinha chegado ao meu limite?*

Naquela noite procuro algumas pessoas próximas e, a cada conversa, vou me acalmando. A saída desse poço de dúvidas estava na minha frente, mas a obsessão pela vitória tinha me tirado dos trilhos e não me deixava enxergar. É hora de retomar os cuidados com a minha saúde mental. Meditação, oração, leituras e menos redes sociais. Esse combo sempre teve um efeito positivo sobre mim, e mergulho nele para reencontrar meu equilíbrio. Mais calmo e centrado, a ideia de deixar a seleção perde força até desaparecer. O tempo é curto e apenas três semanas separam o fracasso no Recife do início da luta no Rio de Janeiro. Paris é o objetivo e, com a confiança de volta ao meu mundo interior, o sol reaparece em Saquarema.

> > >

E é assim que começamos o pré-olímpico no Maracanãzinho.
O grupo A é uma pedreira formada por Catar, República Tcheca, Alemanha, Ucrânia, Cuba, Irã e Itália. Duas vagas em disputa, oito dias de competição numa maratona de jogos sem tempo para respirar. Ganhamos do Catar e da República Tcheca, mas perdemos para a Alemanha e saímos da zona de classificação. Os jogos seguintes são contra Ucrânia e Cuba e vencemos os dois. Jogar em casa nesse momento faz toda a diferença. A torcida está tão focada quanto os jogadores. A sinergia entre time e ginásio funciona bem, e isso é uma grande vantagem.
Chegamos ao fim de semana e precisamos vencer o Irã e a Itália. Fechamos em 3 a 0 contra o Irã, um resultado que nos prepara para o dia seguinte. Eu disse que o destino capricharia nessa jornada até Paris e não estava exagerando: jogaremos em um domingo, exatamente como na final olímpica de 2016, enfrentando a mesma Itália, no mesmo Maracanãzinho, com a mesma obrigação de vencer. Então, se o universo conspira pela coincidência, vamos trabalhar por ela e repetir o resultado. É o desfecho de uma das semanas mais tensas da minha carreira.
Saímos na frente e ganhamos o primeiro set, mas a Itália vira o jogo para 2 a 1. O quarto set começa bem e levamos assim até o fim. É nossa casa, nossa torcida, nosso momento de brilhar.

O jogo é decidido no tie-break. Dominamos o set e garantimos a segunda vaga do grupo. Darlan fez 19 pontos e meu velho amigo e companheiro Lucarelli fez outros 17. Numa reportagem sobre a batalha, uma frase descreve o meu desempenho em quadra: "Bruninho, incansável, corria de um lado para o outro como se fosse um menino."

O menino que chegou à seleção no Pan-americano do Rio de Janeiro e virou notícia porque "era o filho do treinador" está indo para a quinta olimpíada da sua carreira.

>>>

Mas esse momento é único e estranho. Quando você perde, parece que a vida passa em câmera lenta. Quando ganha, tudo tem uma urgência boa. E é essa a sensação que eu carrego quando recebo uma notícia inesperada.

Logo depois da festa na quadra, vou falar com os jornalistas e alguém me conta que Renan anunciou sua saída da seleção, alegando problemas pessoais e a necessidade de cuidar da saúde. É um choque para mim. Renan esteve presente durante toda a minha vida. Ia ver meus jogos de badminton, era diretor do meu primeiro time profissional, a Unisul, era técnico da Cimed quando ganhei meu primeiro título de Superliga, mas, acima de tudo, sempre foi um grande amigo da minha família, desde antes do meu nascimento. Na pandemia da Covid, ficou um mês internado lutando pela vida e venceu a batalha. Ele é um guerreiro, das pessoas mais fortes que conheço, e acho que suportou o que poucos suportariam. Nos últimos tempos, no entanto, aquela energia, o sorriso, o prazer no dia a dia nas quadras estavam diferentes. O esporte de alto rendimento é uma provação nem sempre saudável. E, depois de tudo que ele fez pelo vôlei, chegou a hora de cuidar de si mesmo.

Nos dias seguintes, a Confederação Brasileira de Vôlei busca um nome para assumir o comando do time e convida Bernardinho, que aceita voltar ao posto que ocupou por 15 anos. Mas, ao contrário do que acontecia no passado, quando ele formava as equipes ao longo de todos os ciclos olímpicos, agora tem menos de um ano de preparação até Paris. Vários jogadores que estão na seleção nunca trabalharam com ele. É mais um desafio para todos, mas isso não diminui a nossa vontade de vencer nem o prazer de disputar a competição mais importante do mundo.

>>>

Terminado o pré-olímpico, volto para Modena, a temporada que antecede a Olimpíada, e no final de abril de 2024 tenho uma lesão no tríceps. Num choque com um companheiro no treino, bato a cabeça, e o movimento do pescoço pinça um nervo do meu braço. É um baita susto que me faz suar frio. Fico sem poder usar o braço, à base de remédios e repouso. Para um levantador, não poder fazer o gesto técnico diariamente é um problema sério.

Com bastante esforço, me apresento à seleção em maio e jogo a Liga das Nações, o último torneio internacional antes de Paris, e saio de lá com uma lesão na panturrilha direita. É uma dupla corrida contra o tempo: preciso acelerar o trabalho com a fisioterapia e o time precisa melhorar para chegar na Olimpíada mais bem preparado.

Sem poder saltar e correr, treino o toque na bola sentado e faço um trabalho de visualização. Assim como o corredor de 100 metros que sabe quantas passadas vai dar até a linha de chegada e visualiza cada uma delas dia após dia, o levantador também consegue, numa espécie de meditação, treinar para executar os movimentos certos. É o que posso fazer neste momento – fortalecer minha mente enquanto meu corpo se restabelece.

Por mais que busque um pouco de tranquilidade, acabo sempre voltando para um estado de foco total na competição.

Quando chego a Paris, até experimento uma tentativa de distensionar a rotina encontrando minha mãe e minhas irmãs num café perto da Vila Olímpica. Nunca encarei minha provável última Olimpíada como jogador de um jeito romântico ou contemplativo. Vim aqui para jogar, lutar e ganhar. Nada na minha carreira é mais importante do que defender a seleção brasileira e representar o meu país, e meu objetivo é chegar ao último dia de competições mais uma vez. Então faço tudo do jeito que aprendi desde a minha estreia em Pequim, na China, lá em 2008: treino, foco, descanso, jogo, Vila Olímpica, treino, foco, descanso, jogo e volta para a Vila. Quando se trata de vôlei, não sei apenas desfrutar.

Uma diferença que eu percebia no time desde o início deste ciclo fica ainda mais acentuada no dia a dia com o grupo. Sinto como se fôssemos duas gerações distintas jogando lado a lado. Talvez eu tenha essa sensação por causa da minha longevidade na seleção: cheguei com 21 anos, participei de cinco Olimpíadas e permaneci em cena até os 38, convivendo com jogadores com experiências muito diversificadas. Mas a questão agora é que a distância entre nós não está só nas datas de nascimento, mas também nos comportamentos.

Em 2023, a seleção havia chamado André Heller – campeão olímpico, meu companheiro no primeiro time profissional e palestrante de sucesso – para auxiliar a comissão técnica e o grupo. A sua maior contribuição para mim foi me ensinar a não julgar, a entender que os mais jovens precisavam aprender a cultura na qual a seleção foi moldada ao longo de todos esses anos. Ao mesmo tempo, ele me mostrou que precisamos ajudá-los a amadurecer, e em pouco tempo.

E, assim, eu me vejo fazendo parte dos dois grupos. O meu, com os jogadores mais velhos, e o dos mais jovens, com destaque para o gigante Darlan, o menino martelo. Darlan tem algo que me faz viajar no tempo. Tem tanta força e talento que age naturalmente, por instinto. A partida vai esquentando, o jogo vai ficando complicado e ele segue martelando. É como se tivesse um dispositivo protetor de estresse, certa "irresponsabilidade" inerente aos jovens, que eu já perdi há muito tempo.

>>>

A Olimpíada começa e pegamos dois adversários difíceis: Itália e Polônia. Perdemos a estreia para os italianos por 3 a 1. O jogo seguinte é decidido nos detalhes, e perdemos o tie-break por 15 a 13. Apesar de ter bons momentos durante o jogo, o time não consegue manter a consistência necessária para vencer. Ficamos com a sensação de que as outras equipes estão um pouco à frente do Brasil. No nível em que algumas seleções chegam a este momento, esse "pouco" pode definir os favoritos.

De todo modo, ainda podemos alcançar a classificação, e ela vem com a vitória contra o Egito, por 3 a 0. Avançamos para as quartas de final, jogo eliminatório contra os Estados Unidos. Historicamente, esse é um dos nossos maiores adversários. Começamos bem, dominamos o primeiro set, mas perdemos no final. Conseguimos reagir e voltamos para um segundo set emocionante, que ganhamos de 30 a 28. Mas o jogo não fica na nossa mão. Os americanos retomam o domínio da bola e vencem os dois últimos sets – e eu me despeço da minha última Olimpíada com uma derrota por 3 a 1.

Apesar de não sermos favoritos e termos um time jovem, com alguns estreantes em Olimpíadas, por muitos momentos conseguimos jogar de igual para igual com as melhores equipes, perdendo para duas seleções que se tornaram medalhistas. Mas, infelizmente, estamos fora.

E o que acontece nos minutos seguintes é um borrão. O cumprimento na rede, as conversas com outros jogadores, a volta para o vestiário. Nada disso ficou na minha memória.

Eu me lembro vagamente de alguns momentos na zona mista, a área designada para entrevistas com jogadores e treinadores após o jogo. Não sei o que falei sobre a derrota, mas me lembro dos americanos Holt, Christenson e Averill passando e me parabenizando pela trajetória, dizendo que foi um prazer estar na quadra comigo, mesmo que em lados opostos, e me colocando como um dos grandes nomes do nosso esporte.

Na volta para o vestiário, encontro Luciano, um dos "braços" que nos ajudam em Saquarema e que conheço desde 2006. Braço é aquele ajudante da comissão técnica que fica em cima de um caixote por horas atacando bolas para o treinamento de passe e defesa. Ele está emocionado, me abraça e nós dois choramos. Minha tristeza tem um motivo que vai além da eliminação, é algo maior, que ainda não consigo identificar. Entro no vestiário e o que vejo não parece o cenário de um time que acaba de perder a Olimpíada. Não tem choro, não tem cobrança, alguns jogadores estão mexendo no celular.

Bernardinho diz algumas palavras e eu sigo sentado, me cobrando, me questionando, analisando meu desempenho como sempre fiz, principalmente nas derrotas. Então um dos jovens se aproxima e pergunta:

– Bruno, a gente fica em Paris ou já volta pro Brasil amanhã?

A resposta resume a minha história olímpica e encontra o maior motivo da minha tristeza:

– Não sei. Eu nunca fui embora antes do último dia.

>>>

Acordar na Vila Olímpica vários dias antes da final e não precisar treinar é uma experiência nova para mim. Estou em Paris, na

Vila Olímpica, mas minha atividade não é na quadra, e sim no quarto, arrumando as malas. Só penso em voltar para o Brasil. Continuar aqui não faz sentido.

De malas prontas e já fora do quarto, encontro a Rosamaria, atacante da seleção feminina, a Roberta, levantadora, e o Fernandinho, craque da fisioterapia que acompanha as meninas pelo mundo. Como a equipe feminina segue na luta por uma medalha, elas trazem aquela energia contagiante que eu sempre busquei. Conheço bem esse olhar cheio de expectativas.

Logo depois encontro a minha mãe e temos uma conversa que me faz repensar meus planos. Ainda não estou certo do que devo fazer, então ela dá um daqueles conselhos que têm a simplicidade e a força que só as palavras de uma mãe conseguem ter:

– Bruno, fica. Vive um pouco do que você nunca viveu numa Olimpíada.

Minha mãe está aqui, minhas irmãs estão aqui e meu amigo Gabriel Medina, que acaba de ganhar medalha de bronze no surfe, também está. Decido ficar e viver uns dias como espectador da maior competição esportiva do mundo.

Solto pela cidade e pelos locais onde acontecem os jogos, numa das caminhadas encontro o Bernard. Gênio do vôlei e um dos heróis da geração de prata, ele foi companheiro do meu pai nas quadras e me viu nascer. Depois encontro o Maurício, levantador bicampeão olímpico, e o meu eterno companheiro Giba. A conversa com cada um deles me ajuda a digerir a derrota e diminuir a frustração.

Junto com o Gabriel, vou assistir a dois jogos das nossas meninas no vôlei, na quadra e na praia. Eu não ia a um jogo de vôlei como torcedor desde os tempos em que era levado por algum adulto para ver minha mãe jogando ou meu pai treinando um time.

Entrar no ginásio para assistir à seleção feminina disputando e perdendo a semifinal contra os Estados Unidos é uma experiência difícil, pois a nossa eliminação ainda é muito recente. Estar na quadra – ainda que na arquibancada – e reviver a tensão do tudo ou nada é doloroso demais.

Já a disputa pelo ouro no vôlei de praia me traz uma sensação bem diferente. Na Vila, eu tinha encontrado Duda e Ana Patrícia, e a dupla estava confiante na vitória. Elas tinham vencido todos os outros torneios importantes e só faltava a medalha de ouro. Depois de um jogo disputadíssimo contra o Canadá, decidido no tie-break, o ouro é delas. É nosso.

O momento do pódio me marca profundamente. A nossa bandeira no lugar mais alto, a emoção das meninas, o hino nacional brasileiro. É aí que eu desabo. Mas desabo num choro de satisfação, emoção e felicidade. Sei exatamente o que é isso. Eu vivi isso. No vôlei eu nasci, cresci e venci. Treinei cada dia da minha vida para estar em quadra no último dia, mas o destino quis que em minha última Olimpíada o meu lugar fosse outro. Não sei por quê, talvez nunca descubra, mas entendo que talvez meu ciclo esteja completo.

Quem sabe um dia, na minha velhice, meus netos me perguntem se eu deixei de viver algo no esporte da minha mãe, do meu pai e meu. Nesse choro em Paris eu viajo na minha história. Três medalhas olímpicas, todos os outros títulos possíveis, irmãos de quadra, amigos para sempre, cidades inesquecíveis, horas e horas de treino, uma ambição às vezes até um pouco exagerada, a chance maravilhosa de defender meu país e ganhar. São tantas vitórias, em tantas esferas, que a resposta do vovô Bruno não poderá ser outra: Não faltou nada. Eu vivi tudo. Obrigado, voleibol.

15
O MEU LUGAR

Depois do final da Olimpíada, decido voltar a jogar no Brasil, e o Campinas é a minha primeira opção. Uma conversa iniciada dois anos atrás plantou a semente que germina agora. Recebo também uma proposta do Cruzeiro, um dos times mais respeitados do mundo, com a possibilidade de jogar com meus companheiros Lucas e Wallace. Mas, nesta etapa da vida, meu foco não é o dinheiro nem o clube que pode me gerar mais conquistas. Campinas é uma escolha pessoal, é uma possibilidade de andar todos os dias observando tudo que está ao meu redor. Já não quero mais andar rápido e enxergar apenas o objetivo lá na frente. É hora de desfrutar cada passo da viagem. O tempo me ensinou que cada momento é único e temos que buscar estar cada vez mais presentes em todos eles. A vida não negocia o tempo. É preciso aproveitar as pessoas que amamos agora.

Voltar a Campinas para passar alguns dias, como fiz durante toda a minha carreira, é diferente de voltar para morar e trabalhar. No fundo eu sabia que as lembranças apareceriam, mas não imaginava que seria tão emocionante.

Dirijo meu carro e um filme começa a passar na minha cabeça. Vejo a casa dos meus avós, a minha escola e o caminho para o ginásio. De volta ao passado, sou do infantojuvenil e faço o trajeto para ir ajudar nos treinos do time adulto. O cenário que se aproxima é o parque Taquaral, e quando vejo o ginásio fico arrepiado. A vida me ensinou a entender que tudo que acontece tem um motivo. Aprendi a não desistir dos meus sonhos, a seguir com dedicação, comprometimento e amor pelo que busco, não importa o que seja. E me sinto profundamente grato por ter saúde para rodar o mundo e poder voltar para casa.

Na entrada da quadra está o Alemão. O homem que cuida do nosso palco de treinos e jogos há vinte anos é o primeiro sorriso que eu vejo. Depois encontro o presidente do clube, Guilherme Muller, que era o coordenador do Fonte São Paulo em 2003 e assinou a minha transferência para a Unisul. Quem parte da cidade onde tudo começou leva o olhar de quem ficou, e percebo isso ao longo dos primeiros dias. Eu não os via há tempos, mas eles acompanhavam a minha trajetória e sabiam por onde eu andava.

Com a família, o cotidiano é cheio de prazeres simples que não vivi nos meus vinte anos de carreira. Coisas como ir ao almoço na casa do meu avô às terças e sextas, com a minha mãe e meus irmãos. Minha avó Maria Helena já não está mais com a gente, mas é lembrada por todos. Muito católica, tinha o ritual de acender uma vela e rezar em todos os meus jogos. Seu pedido não era pela vitória, mas por um bom desempenho sem lesões. Na minha nova vida, também posso almoçar na casa da Ale e do Gio, numa tarde dedicada às minhas afilhadas. Posso ir a São Paulo para um evento ou simplesmente para encontrar meus amigos. Posso ir para a minha casa no Rio numa folga. Finalmente sou dono do meu tempo.

A rotina de treinar, jogar e só depois viver mudou. Eu vivo, treino e jogo. Sem ordem de importância. A vida é cheia de altos e baixos, e temos que buscar o equilíbrio, por mais difícil que seja. Aprendi que vitórias são passageiras e não merecem exaltação por muito tempo. Derrotas são dolorosas, mas passam. Nesse processo, entendi que aceitar minhas fragilidades e procurar ajuda para lidar com minhas emoções é, acima de tudo, um ato de coragem.

Em Campinas, sigo trabalhando na minha relação com os jogadores mais jovens. O que começou na seleção vira uma espécie de curso intensivo agora. Conversar e conviver com uma geração tão diferente é um desafio diário. Dou carona para os que não têm carro, vamos almoçar juntos, quero entender o mundo deles e o que esperam da carreira e da vida. Preciso que confiem em mim, quero que tenham liberdade para falar. Isso faz bem para nós e para o time. Essa é uma característica muito minha. Sempre tive a preocupação de pensar em tudo e de cuidar das pessoas. Gosto de ser assim, e acho que deu certo ao longo dos anos.

> > >

A primeira competição de que participo com meu novo velho time é o campeonato paulista, o mais difícil do Brasil. Nossa campanha bem-sucedida nos leva à final contra o Suzano e vencemos o torneio, entregando o quarto título paulista para o Campinas.

O ginásio está lotado e tenho a impressão de que boa parte dos meus amigos e familiares está lá. Num dos lados da torcida vejo que uma senhora se aproxima da grade para falar comigo. Ela está acompanhada do marido e seu rosto começa a ficar familiar. Então eu me lembro: é a psicóloga com quem fui conversar depois de uma série de rebeldias quando eu jogava badminton. Meu pai ameaçou me tirar da quadra se eu não me acalmasse. A terapia durou apenas algumas sessões, porque eu era adolescente e dei um jeito de não voltar. Mas 25 anos depois nos reencontramos, e ela me diz algo que jamais vou esquecer: "Bruno, eu acompanho a sua vida desde que você saiu da minha sala."

Do outro lado do ginásio está o meu avô, meu herói, meu recordista dos 110 metros com barreiras. Lá está a minha mãe, minha parte mais doce, meu sorriso, a guerreira que ouviu o Maracanãzinho vaiar meu sobrenome e sentiu vontade de entrar na quadra e me arrancar daquele pesadelo, mas não fez e nunca respondeu a nenhum crítico para não prejudicar o meu sonho. E à medida que me aproximo, entre um abraço e outro, vejo aquele sorriso sereno, aquela elegância até na hora da festa, aquele cabelo branquinho. Ela, que me viu começar a jogar no Fonte, depois me viu pela TV, me viu ganhar o ouro no Rio de Janeiro e agora está aqui em espírito. Ao lado da minha mãe e do meu avô, eu vejo a minha avó.

Eu sou filho único do casamento de Vera e Bernardo. Se tentasse tirar o vôlei da minha vida, não teria vida. Meu corpo e minha mente são a reunião do nosso trio. No vôlei, a nossa família é para sempre. Está no meu nome, nas minhas mãos, na minha obsessão por pensar em tudo, por sentir tudo. A quadra é a nossa casa. De certa forma, ainda sou aquela criança na Itália desenhando no papel os movimentos do time adversário, cheio de sonhos, com toda a vida pela frente. O melhor sub-5 do Brasil não era marrento. Ele tinha razão.

Meu nome é Bruno Mossa de Rezende e, mesmo vivendo entre sombras e vitórias, não vou fugir do meu destino.

AGRADECIMENTOS

Aos amigos Gian Paolo Maini e Davide Romani, que me convenceram de que minha história poderia servir para muitas pessoas e de que se abrir e se mostrar vulnerável não é fraqueza.

A Marcos, Alice e Marco Aurelio por confiarem neste livro aqui no Brasil e por me ajudarem a colocar em palavras muito dos meus sentimentos.

A toda a familia Mossa, que através da minha avó nos mostrou que a fé é o que nos move a cada dia.

A familia Rezende, que através do meu avô Condorcet nos mostrou que ética, lealdade e comprometimento são valores inegociáveis.

A Alessandra, Giu e Guiga por se tornarem mais do que apenas empresária, mentor e agente. Por acreditarem em mim e serem o meu suporte por tantos anos nos bons e maus momentos.

Aos meus companheiros de batalha, treinadores e todos os profissionais com quem trabalhei, que, cada um com sua personalidade, me fizeram melhor e me ensinaram diariamente. Gratidão por ter compartilhado tantos momentos com vocês.

Aos amigos de longa data e de menos tempo, por serem o meu equilíbrio fora das quadras, com lealdade e alegria sempre.

Aos torcedores por apoiarem e demonstrarem afeto tantas vezes pelo Brasil afora.

A minha mãe por todo o amor e carinho em cada momento. Ao meu pai por cada ensinamento, bronca e puxão de orelha, e por, mesmo com a distância, se mostrar presente. Não poderia me orgulhar mais de ter pais como vocês.

Foram essas relações que me moldaram e que todos os dias agradeço a Deus por fazerem parte da minha vida.

CONHEÇA ALGUNS DESTAQUES DE NOSSO CATÁLOGO

- Augusto Cury: Você é insubstituível (2,8 milhões de livros vendidos), Nunca desista de seus sonhos (2,7 milhões de livros vendidos) e O médico da emoção
- Dale Carnegie: Como fazer amigos e influenciar pessoas (16 milhões de livros vendidos) e Como evitar preocupações e começar a viver
- Brené Brown: A coragem de ser imperfeito – Como aceitar a própria vulnerabilidade e vencer a vergonha (900 mil livros vendidos)
- T. Harv Eker: Os segredos da mente milionária (3 milhões de livros vendidos)
- Gustavo Cerbasi: Casais inteligentes enriquecem juntos (1,2 milhão de livros vendidos) e Como organizar sua vida financeira
- Greg McKeown: Essencialismo – A disciplinada busca por menos (700 mil livros vendidos) e Sem esforço – Torne mais fácil o que é mais importante
- Haemin Sunim: As coisas que você só vê quando desacelera (700 mil livros vendidos) e Amor pelas coisas imperfeitas
- Ana Claudia Quintana Arantes: A morte é um dia que vale a pena viver (650 mil livros vendidos) e Pra vida toda valer a pena viver
- Ichiro Kishimi e Fumitake Koga: A coragem de não agradar – Como se libertar da opinião dos outros (350 mil livros vendidos)
- Simon Sinek: Comece pelo porquê (350 mil livros vendidos) e O jogo infinito
- Robert B. Cialdini: As armas da persuasão (500 mil livros vendidos)
- Eckhart Tolle: O poder do agora (1,2 milhão de livros vendidos)
- Edith Eva Eger: A bailarina de Auschwitz (600 mil livros vendidos)
- Cristina Núñez Pereira e Rafael R. Valcárcel: Emocionário – Um guia lúdico para lidar com as emoções (800 mil livros vendidos)
- Nizan Guanaes e Arthur Guerra: Você aguenta ser feliz? – Como cuidar da saúde mental e física para ter qualidade de vida
- Suhas Kshirsagar: Mude seus horários, mude sua vida – Como usar o relógio biológico para perder peso, reduzir o estresse e ter mais saúde e energia

sextante.com.br